Affaire de l'ancienne prévôté d'Hugier.

LETTRE

DE

M. MEAUME

A SON ANCIEN CONFRÈRE

Mᵉ LOUIS LALLEMENT

———›››✕‹‹‹———

NEUILLY

IMPRIMERIE BOUZIN-CÉSAR, FRÈRES

117, AVENUE DE NEUILLY, 117

1876

Affaire de l'ancien prévôté d'Hugier.

LETTRE

DE

M. MEAUME

A SON ANCIEN CONFRÈRE

Me LOUIS LALLEMENT

NEUILLY

IMPRIMERIE BOUZIN-CÉSAR, FRÈRES

117, AVENUE DE NEUILLY, 117

1876

LETTRE

DE

M. MEAUME

A SON ANCIEN CONFRÈRE

Mᵉ LOUIS LALLEMENT

Mon cher confrère,

Vous voulez donc que je continue à correspondre avec vous sous forme de lettre imprimée. Je répondrai aussi brièvement que possible à l'appel que vous me faites en faveur d'une commune en possession, presque deux fois séculaire d'une forêt importante, et qu'on veut faire passer pour complice d'un prétendu abus de la puissance féodale commis par un ancien seigneur.

A mon avis, il n'y a pas eu le moindre abus de la puissance féodale, et, puisqu'il n'y a pas d'auteur principal, il est de toute évidence qu'il n'y a pas de complice.

Toutefois, je suis obligé de reconnaitre qu'il y a chose jugée sur ce point; ce qui ne veut pas dire qu'on ait bien jugé. Je crois, au contraire, que la sentence arbitrale de l'an II est une monstruosité juridique. Forcés de nous incliner devant son dispositif, qui seul constitue la chose jugée, nous ne sommes pas liés le moins du monde par ses motifs. Ces motifs sont entachés d'erreurs les plus graves; le dispositif lui-même est complètement inexécutable dans plusieurs de ses dispositions, à ce point que les experts nommés pour en procurer l'exécution n'ont pas même essayé d'accomplir certaines parties de leur mission. Tel est mon sentiment sur la sentence arbitrale invoquée contre nous, pour dépouiller la commune d'Hugier d'une propriété qu'elle possède, depuis 1678, au titre le plus légitime.

Fort heureusement, l'étude que je viens de faire de votre dossier me démontre qu'il est facile de retourner contre vos adversaires l'arme dont ils veulent se servir contre votre cliente. Je vais établir que si la sentence arbitrale de l'an II préjudicie à quelqu'un, ce n'est pas à la commune d'Hugier, mais bien à celle qui s'acharne contre elle pour la dépouiller. Je vais montrer que l'attaque dirigée contre Hugier est le comble de l'imprudence, car la commune instigatrice de ce procès devra s'estimer très-heureuse si elle en sort sans perdre quelque chose des forêts dont elle a volontairement abdiqué la propriété.

Cette vérité m'est apparue en lisant la première pièce de votre dossier : l'acte du 6 et non 16 avril 1678. A vrai dire, j'aurais pu me dispenser d'aller plus loin, car cet acte est votre sauvegarde et la condamnation de vos adversaire. Toutefois, pour gagner ce qu'on appelle au palais les *indulgences*, j'ai voulu lire tout votre dossier, afin de voir si rien ne viendrait contrarier le système que j'entends établir en me fondant sur l'acte de 1678. Quoique cette lecture fût pénible, rebutante même, j'ai eu la patience d'aller jusqu'au bout sans rien découvrir qui infirmât en quoi que ce soit les arguments qui me sont fournis par l'acte de 1678.

Au cours de cette lecture, j'ai reconnu que la vérité avait été entrevue par M. l'avocat général qui a porté la parole devant la Cour de Besançon. Toutefois, comme je n'ai connaissance de son réquisitoire que par la critique très-insolite qui en a été faite par vos adversaires, je ne puis savoir jusqu'à quel point M. l'avocat général a soulevé le voile qui paraissait cacher la vérité.

Autant que je puis en juger, le système du ministère public a été admis par la Cour de Besançon dont l'arrêt a été cassé. Est-ce à dire que vous deviez le reproduire ? ce qui vous serait certainement permis. Est-ce à dire que la Cour de Nancy ne puisse juger comme la Cour de Besançon ? Non, sans doute, et vous conservez à cet égard, ainsi que la Cour de renvoi, liberté pleine et entière, sauf à subir un nouveau pourvoi devant les Chambres réunies.

Toutefois, je crois que cette éventualité peut et doit être évitée. Je ne puis me dissimuler que la Cour de Besançon a, dans une certaine mesure, violé la chose jugée, et je craindrais qu'un arrêt conforme, rendu par la Cour de renvoi, n'eût le même sort devant les Chambres réunies.

Rien cependant n'est plus facile que de respecter la chose jugée par la sentence arbitrale, quelque peu respectable qu'elle soit, dans l'espèce, puisqu'elle émane d'une juridiction que certains jurisconsultes ont sévèrement qualifiée, et dont j'ai moi-même critiqué l'institution dans mon *Commentaire du Code forestier*. Cette juridiction, ne l'oublions pas, est une des plus mauvaises créations des plus mauvais jours de la Révolution. Elle a été inventée en haine de la magistrature régulière. Fort heureusement elle n'a eu qu'une existence éphémère, car elle contenait le germe des vices qui l'ont fait supprimer aux applaudissements de la France entière.

Sans doute cette juridiction, quelque mauvaise qu'elle ait été, a pu rendre des décisions obligatoires pour les parties. Ce serait en vain qu'on soutiendrait le contraire; mais, par un étrange et heureux hasard, il se trouve que la sentence arbitrale provoquée contre Hugier est en réalité beaucoup plus défavorable à ses adversaires qu'à elle-même.

C'est bien ce qu'avait reconnu la Cour de Besançon, et cette première partie de son arrêt, très-solidement motivée, est extrêmement remarquable. Sur ce point, l'arrêt se défend lui-même.

Il n'en est pas ainsi de la fin, et c'est ce qui a procuré la cassation de l'arrêt en ce qui concerne les communes. Pourquoi? C'est que la Cour de Besançon n'a vu que des cantonnements là où il y avait autre chose. C'est évidemment faute d'avoir fait une distinction capitale que l'arrêt a été cassé.

Je vais m'expliquer à cet égard et montrer en quoi et comment il est facile d'arriver à un résultat analogue à celui auquel la Cour de Besançon était parvenue, mais en suivant une voie différente, et sans violer en quoi que ce soit la chose jugée.

Je prends le texte de la sentence arbitrale de l'an II, et, laissant de côté ses motifs, j'en reproduis le dispositif : « Nous avons réintégré les communes de Sornay et de Chancevigney *dans le droit d'usage au bois mort et mort-bois et bois vif séparé de la fonte* qui leur appartient concurremment et par indivis avec les communes de Bay et d'Hugier dans les huit cantons de bois ci-dessus énoncés, et tels qu'ils existaient à l'époque du dénombrement donné par Jean de Beauffremont, le 30 juin 1585, dans les quatre territoires formant la ci-devant seigneurie et district d'icelle ; — en conséquence, cassons, rescindons et révoquons tout partage, cantonnement ou distribution partielle qui peuvent avoir eu lieu *au préjudice et à l'exclusion des communes demanderesses* (1), et entre celles d'Hugier et de Bay et le ci-devant seigneur ; remettons toutes parties au même état qu'elles étaient *auparavant ;* ordonnons qu'il sera procédé à un nouveau cantonnement des quatre communes dans lesdits huit cantons de bois ; qu'en conséquence, *toutes communes ou ci-devant seigneur possesseurs d'aucune partie d'eux* seront tenus de les *reconférer* en masse pour être les quatre communes de Bay, d'Hugier, de Sornay et de Chancevigney apportionnés aux *droits d'usage* qui leur compètent :

» 1° Sur la possibilité desdites forêts sur (d'après) la contenance qu'elles avaient en 1585 ;

» 2° Sur la population actuelle des quatre communes ;

» 3° Le plus ou moins de mort-bois dont les forêts chargées de l'usage sont peuplées ;

» 4° Les besoins individuels de chaque particulier usager ;

» Ordonne, en conséquence, que par devant le citoyen Braconnier et M. Joseph Revot, reconnaissance sera faite des quatre points ci-dessus. »

De tout quoi Sornay conclut que, *en 1585,* les droits d'Hugier et ceux des trois autres communes, y compris le minuscule hameau de Chancevigney, étaient *égaux ;* d'où la conséquence qu'il devait y avoir égalité dans le partage ; et que les parties, *apportionnées*

---

(1) Erreur de fait. Il n'y avait qu'une seule commune demanderesse : Sornay. Quant aux communes de Bay et de Chancevigney, elles étaient défenderesses aussi bien qu'Hugier. Chancevigney a fait défaut. Quant à Bay, son intérêt était semblable à celui d'Hugier.

sur les contenances forestières de 1585, devaient être remises au même état qu'elles étaient *avant* 1585.

Belle conclusion que vos adversaires prétendent avoir été celle de M. l'avocat général (1). Il m'est impossible d'admettre un semblable écart de logique de la part d'un magistrat.

En lisant le premier chef de la mission donnée aux experts, je me suis permis de sourire et de m'étonner de l'ignorance du juge qui prétend faire déterminer, **en 1793,** la possibilité des forêts seigneuriales telle qu'elle existait **en 1585.** Les forestiers les plus habiles ont déjà bien du mal à dire avec certitude quelle est la possibilité d'une forêt à peu près régulière dont ils ont le peuplement sous les yeux. Mais quant à reconnaître rétrospectivement quelle était la possibilité d'une forêt, il y environ trois siècles, je ne connais pas dans toute l'Europe un seul forestier qui ne décline une semblable mission, dont l'accomplissement est radicalement impossible. Aussi les experts ne l'ont-ils pas même tenté.

Quant à reconstituer, à *reconférer*, pour me servir du terme de la sentence, la masse forestière telle qu'elle existait en 1585, et à déterminer la part de chaque commune, d'après les éléments combinés de la population et de la quantité de bois usager, cela était certainement très-difficile, mais non pas absolument impossible, à la condition d'évaluer la quantité de bois mort et de mortbois existant au moment de l'opération.

Comment les experts ont-ils essayé d'accomplir cette partie de leur mission? Leur travail est-il aussi près que possible de la vérité? Ce sont là des questions que j'examinerai plus tard très-sommairement. Toutefois, elles me paraissent secondaires et presque sans portée, si l'on veut bien se pénétrer de la situation des parties dans cet étrange procès.

Leur situation est celle-ci :

Sornay, l'ennemie jurée d'Hugier, croit trouver dans les lois révolutionnaires, si hostiles à la féodalité, le moyen d'attaquer la propriété plus que séculaire d'Hugier. Elle s'empresse de saisir l'arme que lui donne la législation nouvelle; elle agit seule. Mais

---

(1) Note imprimée page 9. Elle a été signifiée le 20 juin 1870.

comme elle comprend que les conséquences de son action intéressent Bay et Chancevigney, elle appelle ces deux communes devant les arbitres. Bay fait cause commune avec Hugier. Chancevigny fait défaut.

Sornay gagne son procès, mais plutôt en apparence qu'en réalité. En effet, que demande-t-elle et qu'obtient-elle ?

Elle obtient l'anéantissement de tous les traités faits *relativement aux droits d'usage* entre le seigneur et les communautés, y compris même son traité à elle, Sornay. Il en résulte qu'elle n'est plus propriétaire et qu'elle redevient usagère dans les termes de l'acte de 1585. Toutefois, elle a eu grand soin de conserver depuis 84 ans sa propriété qu'elle a l'imprudence de vouloir échanger contre un droit précaire, en courant toutes les éventualités d'un cantonnement.

En quoi consiste ce droit d'usage ? A cet égard, l'acte de 1585 n'est pas constitutif, mais simplement déclaratif. L'usage remonte à un siècle très-antérieur au seizième. C'est ce dont témoigne l'étrangeté du droit, en ce qui concerne les essences autres que celles appartenant à la catégorie des *mort-bois*. Cette étrangeté révèle indubitablement l'ancienneté de l'usage, mais nullement de son importance. Vos adversaires conviennent de la bizarrerie de leur droit dont, suivant l'heureuse expression de la Cour de Besançon *on s'efforce d'enfler l'importance ;* mais elles déclarent qu'elles n'en connaissent pas la cause. Cette cause je la connais, et l'étude que j'ai faite des anciens titres de l'Alsace, surtout dans les parties voisines de la Franche-Comté, me permet de vous l'indiquer. Un droit d'usage analogue se rencontre dans les anciennes coutumes germaniques. Son existence est attestée par Michelet (*Origines du droit français*). Les recherches de ce grand, mais non pas toujours fidèle historien, sont confirmées par un travail d'une autorité incontestable, celle du savant M. Raspieler connu dans tout le ressort de la Cour de Colmar et qui a eu la modestie de garder l'anonyme, en publiant son savant Mémoire pour la ville de Strasbourg contre les communes de Baar, Heiligenstein et autres (1). M. Raspieler analyse les coutumes du Val-du-

---

(1) Strabourg, Levrault, sans date, in-4°, (1831). Ce trésor d'érudition

Rosemont. On y voit que les habitants pouvaient couper eux-mêmes leur bois d'affourage et autre, *pourvu que ce fût du sçu et du vouloir du prévôst ou du forestier*. Il y avait alors une véritable délivrance au moyen de laquelle l'usager pouvait être surveillé. Il pouvait cependant s'en passer, mais à ses risques et périls, car la coutume ajoute : « si les habitants coupaient sans ce vouloir (celui du prévôt ou du forestier) *c'était sans danger d'amende, dès que le bois était amené si loin que le forestier ne pût jeter la cognée jusqu'au tronc de l'arbre coupé*. C'est bien la même pensée qui se retrouve dans l'acte de 1585. »

Ce n'est pas tout. M. Richard, auteur d'une Notice le fief colonger d'Hochstatt, insérée dans le XVIe volume des *Mémoires de la Société des antiquaires de France,* signale un titre auquel il assigne une date comprise entre 1306 et 1323. On y lit: « Si le délinquant, après avoir enlevé le bois, s'éloigne du tronc aussi loin que la hache dont il s'est servi peut être lancée *sans qu'il ait été surpris*, il ne sera tenu à payer aucune amende. »

Vous voyez que l'étrange disposition du titre de 1585 n'est pas unique, ce qui ne veut pas dire que de semblables coutumes soient des exemples d'une bonne police forestière. La Cour de Besançon a donc eu raison de dire « que ce droit bizarre ne constituait qu'un délit plus ou moins heureux, selon la surveillance des agents de la seigneurie. » C'est du reste ce que reconnaissent vos adversaires en disant p. 17 de la note imprimée. « Il (le droit) était plus ou moins considérable suivant que la surveillance était plus ou moins active. »

Sans avoir besoin de cet aveu on peut dire à Sornay, avec la Cour de Colmar, que son droit n'étant pas susceptible de délivrance, il doit être considéré comme n'existant pas, car il est censé n'avoir été exercé que par tolérance, d'où il suit que sa suppression ne donne lieu à aucune indemnité (Colmar, 11 juillet, 1833, com. de Balbronn). V. mon *Commentaire du c. for.* t. 1er,

---

m'avait été communiqué par M. le Premier Président Paillart, alors procureur général à Nancy. Depuis, M. le Vice-Président Langans, de Colmar, m'en a donné un exemplaire que je conserve précieusement.

p. 857. J'ai cité cet arrêt dans Dalloz *Jur. gén.*, v° *Forêts*, n° 33, et j'en ai rapporté le texte *Jur. gén.*, v° *Usages*. n° 324. Cette jurisprudence, à laquelle MM. Dalloz ont déclaré se rallier à deux reprises différentes, est fondée sur ce que des droits non susceptibles de délivrance ne sont que des tolérances et que leur suppression sans indemnité, c'est-à-dire sans cantonnement, est la conséquence de la généralité du principe d'après lequel il n'y a pas d'exercice légitime dans les forêts sans délivrance préalable. Et remarquez que ce principe a été appliqué par la Cour de Colmar dont la jurisprudence, en matière d'usage, fait justement autorité. Remarquez aussi que, dans l'espèce de Balbronn comme dans celle d'Hugier, l'usage était très-ancien et remontait à une époque très-antérieure à l'annexion à la France de la province dans laquelle il était exercé. Ceci répond d'avance à l'objection que la Franche-Comté n'était gouvernée par les lois françaises. ni à l'origine de la constitution du droit, ni à l'époque de sa reconnaissance. par le seigneur, en 1585. Cette reconnaissance n'était d'ailleurs, je ne saurais trop le répéter, qu'une continuation de la bienveillance, de la tolérance du seigneur qui pouvait, en organisant une surveillance active, annuler l'exercice de ce droit étrange. Vos adversaires ont formellement reconnu qu'il en est ainsi.

Il est donc incontestable qu'en demandant le retour aux anciens droits reconnus en 1585, Sornay agissait, à l'égard des seigneurs, contre ses propres intérêts et que si, par suite de diverses involutions de procédure, l'un d'eux n'était soit par lui même, soit par ses ayants cause, écarté du procès, il pourrait réduire Sornay à la condition la plus misérable en restreignant l'exercice de ses droits au bois mort et au mort-bois.

Le pouvait-il également à l'égard d'Hugier? Non sans doute, et c'est ce que je vais démontrer à l'aide de l'acte du 6 avril 1678.

C'est à tort que, jusqu'à présent, cet acte a été considéré comme un simple cantonnement. Son objet est tout autre. Avant tout, c'est une transaction sur procès, c'est-à-dire, l'acte le plus respectable qui soit au monde. Le cantonnement n'y apparaît que comme appoint, comme contrepartie, comme mode de libération partielle de ce que le seigneur devait à Hugier en échange des obligations fort lourdes que la transaction imposait à cette commune. C'est ce qu'il est facile de reconnaître en étudiant avec soin cette transaction de 1678.

A cette époque, le seigneur n'est plus un des membres de l'illustre famille des Beauffremont (1). C'est messire Jean-François Maître, seigneur de Sornay et d'Hugier, car la prévôté est déjà démembrée.

Messire Maître était alors en procès avec les habitants d'Hugier, mais avec ceux d'Hugier seuls ; Sornay n'y était absolument pour rien, quoique Maître fût seigneur des deux communautés. Ce procès avait pour objet : « les bois de Fiolle, de Meney, de Bouchaille et de Bège, situés rière (dans) les territoires dudit Hugier et de Chancevigney. » Le procès ne concernait pas les bois situés sur le territoire de Sornay.

Quoique l'acte semble indiquer qu'il pouvait s'agir de la propriété d'une partie de ces bois, il paraît que la difficulté portait principalement sur les droits d'usage *déjà réglés par un acte antérieur daté de* 1616. En ce qui concerne l'usage, le titre porte : « Et du droit d'usage que les habitants dudit Hugier prétendaient y avoir (sur les quatre bois ci-dessus indiqués) en vertu d'un traité par eux produit, reçu et passé pardevant Baudouin et Croiseret, notaires, en l'an 1616, aux *charges* et conditions y contenues, et au sujet desquelles ledit seigneur prétendait par ladite cause un *règlement* de leurs droits sur un certain canton desdits bois ; même aurait prétendu ledit seigneur que ledit droit d'usage ne se devait étendre qu'au regard des bois situés sur le finage dudit Hugier, et nullement dépendant dudit finage de Chancevigney, comme il disait être celui de Meney et le tiers de celui dudit Fiolle... »

L'acte de 1616, dont il vient d'être question, est inconnu. Malgré l'absence de son texte, son existence est certaine, et il est non moins certain que c'est sur les termes et l'exécution de cet acte

---

(1) Les Beauffremont, ou Bauffremont, ou Baffromont, sont originaires de la Lorraine ; mais ils se sont établis très anciennement en Franche-Comté, où leur famille est considérée comme la seconde de la Bourgogne. Elle porte *vairé contrevairé d'or et de gueules*. Les Chalant de Baffromont sont de la même famille, mais leurs armes sont différentes (Husson, *Simple crayon* et nobiliaires manuscrits de dom Pelletier et de Rennel.

que le procès était engagé devant le Parlement, en 1678. Les prétentions, autant qu'on peut en juger par l'analyse de la procédure, étaient contradictoires. Le seigneur soutenait que les droits d'usage d'Hugier ne devaient s'exercer que sur les forêts situées sur son territoire. Hugier, au contraire, prétendait que le titre de 1616 étendait l'exercice de ces mêmes droits sur le bois de Meney et sur une partie de celui de Fiolle. Les habitants ajoutaient que la quantité de bois mort et de mort-bois était inférieure à leurs besoins ; puis, que le seigneur « était chargé de leur fournir bois pour le fouage (l'affouage) du four banal d'Hugier à lui appartenant. » A quoi le seigneur s'opposait, en insistant pour faire opérer un réglement, c'est-à-dire l'*aménagement-réglement*, ou *apportionnement* (V. mon *Commentaire*, t. 1er, nos 423 et suiv.), disant que, « sans ce réglement, la propriété desdits bois lui serait inutile et infructueuse, surtout à cause des grands abus qui se commettaient journellement dans lesdits bois, à prétexte des droits que lesdits habitants disaient avoir. »

Telle était, d'après le préliminaire de la transaction, l'objet de la difficulté entre le seigneur et ses sujets; « de sorte, est-il dit, qu'il y avait apparence d'une grande longueur de procès, et que les preuves et veues des lieux pourraient causer de grands frais aux parties. — Pour y remédier, et même pour par lesdits habitants porter leur respect et soumission audit seigneur et acquérir son amitié et bienveillance, et demeurer en paix et union avec lui... Les parties ont traité, transigé, stipulé et accordé ce qui s'ensuit : Scavoir, que pour tous droits d'usage que lesdits habitants avaient ou pouvaient prétendre, dans *tous* lesdits bois de Bège, Bouchaille, Fiolle et Meney, soit qu'ils soient situés sur les finages dudit Hugier ou dudit Chancevigney, et en vertu du titre ci-devant mentionné de l'an 1616 (il n'est plus question de l'acte de 1585) ledit seigneur leur relâche tant pour eux que pour tous les manants et résidants audit Hugier..... »

Pour plus de clarté, je traduis en style moderne ce qui concerne la nomenclature des bois ou des parties de bois *relâchés*, c'est-à-dire abandonnés par le seigneur à la jouissance complète des habitants :

Bois de Meney, les trois quarts ;

Bois de Fiolle, les quatre cinquièmes.

Ces bois sont abandonnés : « pour en jouir à perpétuité, tant pour le regard du bois mort et du mort-bois que du vif pour la morte et vive pature, et servir en tout usage propre à eux et de leur communauté, sans que iceux habitants et manants puissent rien prétendre dans le quart et le cinquième réservé au seigneur, soit au bois mort ou au bois vif ou en la paisson desdits (quart et cinquième), lesquels ont été ci-devant relâchés à l'avocat Courchelet, seigneur de Chancevigney. »

Ainsi, Messire Maître a vendu à Courchelet un quart du bois de Meney et un cinquième de celui de Fiolle. Probablement, Courchelet s'est dit entravé dans son droit de propriété par l'exercice du droit d'usage d'Hugier. C'est pour ce motif que Maître traite avec Hugier. Il concentre sur les parties qui lui restent l'exercice des droits d'usage en changeant leur caractère, et il transforme cet exercice en un droit de pleine propriété. C'est bien là le cantonnement tel que nous le comprenons, car le seigneur ne se réserve pas la propriété des parties abandonnées. Si les termes qui viennent d'être rapportés peuvent laisser à cet égard quelque incertitude, elle se dissipe à la lecture d'un passage ultérieur duquel il résulte que le seigneur a abandonné tout le domaine utile des portions de bois *relâchées*, et qu'il ne s'est réservé que la haute justice. Il fait, un acte tout différent de l'*aménagement-réglement* auquel il prétendait. En réalité, il cantonne.

Quant au bois de Bouchaille, la situation est singulière. Ce bois paraît avoir appartenu à Jean de Beauffremont, puisque le dénombrement du 30 juin 1585 en indique la contenance (20 journaux). Toutefois, ce bois avait été nécessairement vendu par Jean de Beauffremont, puisque Maître déclare l'avoir acquis de la baronne de Lonuy. Maître en abandonne également la jouissance aux habitants d'Hugier, dans les mêmes conditions que ci-devant, et il ne s'en réserve aucune partie. Les habitants auront la pleine jouissance de la totalité pour tous leurs besoins. Néanmoins, cette concession nouvelle n'est pas gratuite. Elle est, au contraire, grevée d'une charge fort lourde. Maître est en procès, à raison de ce bois de Bouchaille, avec Mons. de Sentant (Santans), qui y prétend des droits. Santans avait même intenté à ce sujet un procès à Mme de

Lonuy (nom incertain), venderesse de Maître. Ce procès ennuyait Messire Maître. Il trouve avantageux de s'en désintéresser, en chargeant les gens d'Hugier de le suivre pour son compte « à leurs seuls risques, périls et profits. »

Ce procès, « laissé sans poursuites depuis plusieurs années, » est-il dit dans l'acte de 1678, fut-il repris par Santans ? Fut-il jugé, et au profit de qui ? On ne sait. Toujours est-il que ce très-petit bois a été *relâché,* à la condition de soutenir un procès. J'avoue que je n'en aurais pas voulu à ce prix.

Reste le bois de Bège. Le seigneur en abandonne aussi une part aux gens d'Hugier. Seulement, au lieu d'en déterminer par le contrat la partie aliquote qui doit être abandonnée à la jouissance des habitants, les confrontations de la partie *relâchée* sont indiquées dans l'acte, de manière à pouvoir reconnaître sur le terrain la partie réservée par le seigneur et qui est affranchie de tout usage. Puis l'acte porte textuellement : « Moyennant lequel relâche ledit seigneur demeurera entièrement déchargé cy-après (dans l'avenir) de le fouage (l'affouage) du four banal dudit Hugier qui, désormais et pour toujours, tombera à la seule charge desdits habitants pour le voiturer, comme ils ont fait du passé, et le fournir dans quelle part et portion qu'ils trouveront convenir desdits bois à eux relâchés par ledit seigneur, et des bois les plus commodes et propres audit affouage.

» Et le surplus dudit bois de Bège, après ledit partage, et même y compris la coupe y faite les années passées par le seigneur Gomichon, il demeurera en toute propriété au seigneur pour en pouvoir faire ce que bon lui semblera, sans que les habitants y puissent trouver à redire, ni prétendre à aucun droit de quelque nature qu'il soit, à réserve du droit de parcours pour leurs chevaux et bestiaux rouges (bêtes à cornes)... »

Telles sont les stipulations de l'acte du 6 avril 1678, relativement à l'abandon par le seigneur de certaines parties des bois. Puis vient une clause qui précise la nature de l'opération et témoigne que le seigneur a bien voulu faire un véritable cantonnement, tel que celui qui a pris place dans notre législation par la loi de 1792, remplacée par le Code forestier de 1827. Voici cette clause que je transcris littéralement : « En considération de quoi ledit seigneur a renoncé, comme il renonce à tous droits qu'il pourrait avoir et prétendre à tous les autres bois et portions d'iceux par lui relâchés auxdits habitants, soit en qualité de seigneur et premier habitant desdits lieux, ou autrement, les déchargeant même de celui d'y prendre du bois à l'avenir pour l'entretien des moulins de banne, se réservant toutefois sur iceux la haute justice, comme ont toujours eu les seigneurs dudit lieu... »

Le désaisissement de la propriété seigneuriale ne pouvait être plus complet. Le seigneur renonçait même à la part que l'ordonnance de 1669, alors nouvelle, lui réservait en qualité de *premier* habitant, en cas de Triage. On sait que dans les années qui ont suivi la nouvelle ordonnance, le Triage était souvent confondu avec le cantonnement alors presque inconnu.

On doit noter encore que, par cette transaction, le seigneur décharge Hugier de toute obligation relativement à l'entretien des moulins banaux ; mais ils sont obligés de fournir, sur les parties relâchées, l'affouage du four banal. Cet affouage devait être considérable. En outre, l'abatage, le façonnage et le transport des fagots étaient imposés aux habitants, ce qui constituait une charge fort lourde. C'était une des clauses expresses de la transaction dont l'abolition de la féodalité pouvait seule affranchir la communauté. Il va de soi que l'idée de cette abolition n'a pu venir à l'esprit des parties contractantes en 1678.

Si les droits d'usage de la communauté d'Hugier se trouvaient ainsi transformés en un droit de pleine propriété, sur une partie des bois soumis à la servitude reconnue en 1585, le seigneur avait-il pu dégrever les parties *relâchées* par lui des servitudes diverses dont elles pouvaient être grevées au profit des tiers, et notamment de Sornay, de Bay et de Chancevigney ? Evidemment, non. Hugier n'a pu recevoir ce qui lui était *relâché* qu'à la condition de souffrir l'exercice de toutes les servitudes grevant d'ancienne date ses propriétés nouvellement acquises. Cela n'avait pas même besoin d'être écrit. Cependant, on a cru devoir le faire dans la transaction, à l'égard de Chancevigney, par un motif resté inconnu, peut-être à cause du droit douteux de ce hameau ; peut-être aussi par le motif que Sornay et Bay, communautés très-éloignées des bois de Fiolle, de Meney et de Bouchaille, n'exerçaient plus de fait leur

usage sur ces bois. Celui de Bège était moins éloigné, mais sa partie située au nord était plus rapprochée d'Hugier que de Sornay, et c'est précisément cette partie *nord* qui a été *relâchée* à Hugier.
— Ce qu'il y a de certain, c'est que, immédiatement après la formule de délaissement qui vient d'être transcrite, on lit ce qui suit : « N'entendant néanmoins, ledit seigneur, déroger aux droits que lesdits habitants et manants dudit Chancevigney *pourraient* avoir aux bois morts (et mort-bois) desdits bois de Meney et tiers de celui dudit Fiolle qui lui demeureront de la même sorte qu'ils ont été en droit d'en jouir du temps passé. »

Ceci réglé, l'acte ajoute ce qui suit : « En considération *de tout ce que dessus*, et particulièrement de ce que le seigneur a relâché aux habitants d'Hugier une partie non abornée du bois de Bège, le seigneur recevra une somme de 300 francs. »

Suivent enfin les clauses de style, et après la date ainsi conçue : « Sixième jour du mois d'avril 1678 » se trouve l'indication d'une nouvelle charge imposée à Hugier. C'est celle de supporter seule tous les frais de l'abornement à faire avec l'avocat Courchelet. Quant au partage et à l'abornement du bois de Bège, il doit être fait à frais communs.

Telle est la physionomie et l'analyse aussi exactes que possible de cette transaction éteignant un procès commencé. D'une part, elle procure aux habitants certains avantages ; mais, d'autre part, elle leur impose des charges assez lourdes. En quoi les autres communautés de la Prévôté pouvaient-ils critiquer cet acte ? En quoi leur portait-il préjudice ? Leurs droits n'étaient-ils pas nécessairement conservés sur les bois *relâchés* à Hugier, comme ils l'étaient sur les bois vendus par le seigneur ? Cette transaction, spéciale à Hugier, ne lèse en rien les autres communautés, et il n'était pas même besoin de la faire annuler à leur égard par la sentence arbitrale, puisque les droits assurés à la généralité de la Prévôté, reconnus en 1585, n'étaient et ne pouvaient être, en aucune façon, contestés par Hugier. Si ces droits l'ont été, c'est bien à tort. Aux termes de la loi de 1792, Sornay et les autres communes avaient le droit de se faire cantonner, sans invoquer la loi de 1793.

Dans cette situation, quel est l'effet de la sentence arbitrale ? Je viens de montrer que, relativement à Hugier, les arbitres ont, pour me servir d'une expression vulgaire, enfoncé une porte ouverte. Ils ont annulé, en ce qui concerne les communautés entre elles, les conventions qu'ils croyaient préjudicier aux droits de Sornay. Mais encore une fois, cela était bien inutile puisque cette transaction laissait ces droits complètement intacts. Quoi qu'il en soit, il est certain qu'Hugier n'a rien demandé contre son seigneur. Par conséquent, les conventions faites entre les parties, le 6 avril 1678, subsistent intégralement, *entre Hugier et son seigneur*, sauf l'exercice des droits de Sornay ou autres droits incontestés et incontestables.

Quant aux représentants de l'ancien seigneur, nul doute qu'ils n'aient pu également être assignés en cantonnement par les communes non cantonnées, c'est-à-dire par Sornay et peut-être par Chancevigney.

Cette transaction du 6 avril 1678 n'est pas la seule qui soit intervenue entre les parties. Un traité, dont le texte n'est pas connu, avait eu lieu, le 30 janvier 1692, entre Messire Maître et Hugier. Malgré les termes très-explicites de l'acte de 1678, qui imposait à Hugier l'obligation de fournir et de transporter les bois d'affouage destinés à l'alimentation du four banal, il paraît que les habitants avaient obtenu que le seigneur fournirait les bois; mais que, en récompense, les habitants lui serviraient une redevance d'une mesure de froment par feu, qui devait être payée annuellement à la Saint-Martin, à feux croissants et décroissants. Messire Maître s'était en outre chargé du transport des bois. Telles étaient les stipulations de l'acte du 30 janvier 1692, reproduites dans une transaction du 11 août 1697. Quelques années plus tard, Maître voulut faire modifier ce traité, en disant qu'il lui avait imposé « une lésion énorme contre laquelle il s'était déjà pourvu au Parlement. »

Il soutenait que « la coupe et la voiture du bois, dont il s'était chargé, lui coûtaient beaucoup plus que la mesure de froment qu'il recevait. » En conséquence, il demandait l'annulation du traité de 1692. — Sur ce, les parties transigent et conviennent, par un acte reçu Baillet, de Marnay, notaire royal, le 11 août 1697, que ce traité de 1692 sera exécuté, sauf cette modification que les gens d'Hugier devront « voiturer et rendre devant le four banal le bois que le seigneur ferait mettre en charrois dans ses bois, sans attoucher à ceux de la communauté. » En compensation, le seigneur accorde à Hugier la faculté d'emboucher leurs cochons (le panage) dans la partie du bois de Bège qu'il s'est réservée, mais en payant la redevance. Au surplus, le seigneur reste libre de faire ce qu'il voudra de la partie de Bège qui lui appartient, sauf qu'il lui est interdit de la « réduire en champs. » En fait, sauf quelques parties défrichées, ce bois de Bège est actuellement une propriété privée.

Si maintenant on recherche, dans les deux transactions de 1678 et de 1697, quelles sont les charges imposées par ces actes aux habitants d'Hugier, on voit combien elles sont graves et nombreuses :

1° Hugier renonce implicitement à exercer ses anciens droits d'usage sur l'ensemble des bois de la prévôté, concurremment avec les autres communautés ;

2° Hugier doit soutenir, pour le compte de Messire Maître, un procès contre M. de Santans, à raison du bois de Bouchaille. Les frais de ce procès sont à la charge exclusive d'Hugier ;

3° Hugier doit supporter seule tous les frais de l'abonnement à faire avec l'avocat Courchelet, acquéreur pour un quart du bois de Fiolle ;

4° Hugier paye à Messire Maître une somme de 300 francs ;

5° Hugier s'oblige à voiturer les bois destinés à l'alimentation du four banal et, en outre, à payer annuellement, et par chaque feu, une mesure de froment loyal et marchand. Le tout sans préjudice des droits féodaux énoncés dans le dénombrement de 1585.

Enfin, il ne faut pas oublier que le seigneur avait intérêt, au point de vue de ses droits féodaux, d'attirer le plus grand nombre d'habitants qu'il serait possible à Hugier, chef-lieu de la prévôté démembrée, et sur lesquels la perception des droits féodaux était plus facile, plus assurée que sur les gens de Sornay, communauté plus éloignée et probablement plus difficile à atteindre. Aussi Maître ne fait-il aucun traité avec Sornay. C'est ce qui explique comment et pourquoi Hugier est, en apparence, traitée très-favorablement par son seigneur, mais en apparence seulement. En effet, lorsqu'on met les avantages obtenus par Hugier en regard des charges résultant de la transaction de 1678, et que le régime féodal a fait disparaître en partie, on voit que ces charges étaient fort lourdes. Sornay, toujours jalouse d'Hugier, n'a vu que les avantages accordés à cette commune, sans tenir aucun compte de ses charges. Elle n'a considéré qu'une seule chose, c'est qu'Hugier possédait plus de bois qu'elle-même. Mais elle n'a pas voulu voir, tant était grande sa convoitise du bien d'autrui, qu'elle (Sornay) n'avait d'autre charge qu'une rente annuelle de 5 francs, qu'elle a même cessé de payer, tandis que les charges d'Hugier étaient très-considérables.

En présence des charges ci-dessus indiquées, charges qu'on ne rencontre jamais dans un cantonnement ordinaire, peut-on dire qu'il a été fait un cantonnement pur et simple? Non, évidemment. Il y a eu en 1672, en 1692 et en 1697, une suite de traités, dont le premier et le dernier sont des transactions sur procès et qui portent sur des objets tout autres que les cantonnements ordinaires. Cela est si vrai que, dans l'acte de 1672, le seigneur abandonne à Hugier le bois de Bouchaille tout entier, dont la propriété lui était contestée, de telle sorte que le seigneur n'abandonnait en réalité que les chances éventuelles du gain d'un procès dont, en tout cas, Hugier devait supporter les frais.

Quel que soit, au surplus, le caractère des actes ci-dessus analysés; quelle que soit la portée de l'annulation qui paraît en avoir été prononcée par la sentence de l'an II, un fait indéniable ressort de l'ensemble de ces actes Hugier est en possession depuis 1678. Elle n'a jamais cessé de posséder jusqu'à ce jour, malgré la sentence arbitrale qui, du reste, ne pouvait rien contre cette possession, puisque son point de départ était une transmission de propriété. Sa possession n'avait donc rien de précaire. Dans toutes les hypothèses possibles, Hugier a certainement prescrit la propriété contre son seigneur, à supposer que le titre soit anéanti, car il s'est écoulé plus de trente ans, soit depuis 1678, soit même depuis l'an II, sans qu'aucun représentant du seigneur lui ait adressé la moindre réclamation.

Quant aux droits d'usage prétendus par Sornay et autres, quelle est la situation d'Hugier? C'est celle d'un propriétaire grevé de servitudes usagères. A ce point de vue, Hugier représente l'ancien seigneur, au même titre que les acquéreurs divers et successifs de ce dernier.

Si l'on était gouverné par l'article 63 du Code forestier, Hugier pourrait dire à ses adversaires : vous avez des servitudes usagères sur ma propriété; exercez-les conformément aux lois de police; je ne veux pas vous cantonner. Votre droit se réduit au bois mort et au mort-bois. C'est bien peu de chose. Vous en demanderez la délivrance, et l'on vous donnera ce qui vous est dû. Quant à votre prétendu droit à la *fonte*, au *jet de la hache*, je m'en rapporte à l'administration forestière pour en rendre l'exercice impossible. — Du reste, ce prétendu droit a été tellement considéré comme étant une simple tolérance, que les experts n'en ont pas même parlé dans leur rapport; ils n'ont considéré que le bois mort et le mort-bois.

Sans doute, ce langage ne peut être tenu par Hugier, puisque Sornay a introduit son action sous l'empire de la loi de 1792, qui permet à l'usager de demander le cantonnement, tandis que cette action lui serait interdite par l'art. 63 du Code forestier, qui l'accorde seulement au propriétaire. Il y a donc un cantonnement imposé par Sornay, en l'an II, mais non exécuté depuis cette époque. Reste à savoir comment il doit être fait.

La sentence ordonne une expertise, laquelle est également prescrite par le jugement de 1824 et par l'arrêt de Lyon. Cette expertise a eu lieu. A ce point de vue, les opérations exigées par ces interlocutoires ont été accomplies; examinons quels en sont les effets juridiques.

L'interlocutoire ne lie pas le juge.

Admettons, pour un moment, que nous vivions encore sous l'empire de la législation insensée qui, en supprimant les tribunaux, avait établi l'arbitrage en toute matière, la maxime ci-dessus n'en serait pas moins vraie. Elle était effectivement appliquée sous l'ancienne législation, comme elle l'est sous la nouvelle, et les arbitres de 1876, si l'on était forcé de les avoir pour juges, ne seraient pas liés par la sentence des arbitres de l'an II.

Il est certain que cette sentence de l'an II devait être exécutée.

Aussi l'a-t-elle été, bien ou mal, ce n'est pas la question qui me préoccupe en ce moment. Si la Cour trouve cette exécution mauvaise, il est impossible qu'elle soit obligée de s'incliner devant l'opinion des experts qui ont exprimé un simple avis. La Cour de Besançon ne s'y est pas arrêtée; celle de Nancy peut faire de même, sans encourir la cassation de son arrêt.

J'examine maintenant quelle est la situation des quatre communes de la Prévôté, respectivement à chacune d'elles, *avant la sentence de l'an II*.

Hugier n'est plus usagère. Elle est propriétaire en vertu d'une transaction dans laquelle le cantonnement entre dans une proportion à déterminer.

Chancevigney est toujours usagère, mais seulement pour partie. En 1703 le seigneur, le comte de Vaudrey, a remplacé l'avocat Courchelet, acquéreur pour un quart du bois de Meney. C'est précisément la partie *relâchée* à Hugier. Il traite avec Chancevigney. Ce traité n'est autre chose qu'un accensement (vente moyennant un cens) avec faculté de défricher. Dans cet acte, il n'est pas dit un seul mot de l'usage; mais il se confond nécessairement avec la propriété, suivant la règle : *Res sua nemini servit*. Chancevigney reste évidemment usagère, non-seulement sur la partie dont la propriété a été transférée à Hugier, mais encore sur tous les bois de la Prévôté. — Il est à noter que, par cet acte, Chancevigney reconnaît formellement qu'Hugier est propriétaire des trois quarts du bois de Meney.

En 1727, Chancevigney se souvient si bien qu'elle est usagère sur les trois quarts du bois de Menay qu'elle demande son cantonnement contre Hugier. Elle en avait incontestablement le droit. Ce cantonnement est réglé par une sentence de maîtrise du 3 janvier 1727, homologuée par le grand maître le 9 février 1749. — Ce cantonnement est précieux à noter, car il en résulte que, par cette opération faite par les forestiers de l'époque, *le droit d'usage en bois mort et en mort-bois équivaut au cinquième de la propriété*. Quant au prétendu droit au bois de fonte, d'après le jet de la hache, il n'en est nullement question : preuve que ce droit ou plutôt cette tolérance avait cessé depuis longtemps et que, en tout cas, il était prescrit. — On ne voit pas que Chancevigney ait demandé de cantonnement aux autres communes, comme elle en aurait certainement eu le droit.

Pour en finir avec Chancevigney, je relève une prétention insensée élevée en 1762 par cette communauté. Elle avait fait verbaliser contre des habitants d'Hugier auxquels des arbres avaient été régulièrement délivrés par la maîtrise, dans la partie du bois de la Fiolle appartenant à Hugier. Cette dernière commune intervient ; elle prend fait et cause pour ses habitants et, en 1762, une sentence déboute Chancevigney de sa ridicule prétention. Néanmoins. elle ne se tient pas pour battue et, toujours en vertu de son droit d'usage, elle réclame une partie de la Fiolle. Etait-ce à titre de cantonnement ou autrement ? Toujours est-il que les parties transigent sur cette prétention nouvelle. Par cette transaction, Hugier abandonne à Chancevigney deux arpents du bois de la Fiolle. — Ici, pas d'incertitude possible sur la mesure. Il s'agit d'arpents royaux. Or l'arpent royal équivaut à 51 ares 7 centiares; et il n'est pas possible qu'il s'agisse d'un autre arpent, en 1762, car « il était défendu de se servir d'autre mesure, tant dans les bois du roi que dans ceux des ecclésiastiques, des communautés, et des particuliers à peine de mille livres d'amende. » (Art. 14, tit. XXVII, ord. 1669) et ce « non-obstant tous usages et pessessions contraires. » (*id. ibid.*) Ainsi Chancevigney a obtenu, par cette transaction, un hectare trois ares et quatre centiares.

La situation de Bay est entièrement différente. Elle a été purement et simplement cantonnée, ainsi qu'on va le voir. — En 1725, les habitants de Bay font remontrer à leur seigneur, le marquis de Bay, qu'ils sont usagers dans tous les bois appartenant au seigneur sur le territoire de Bay. Cette prétention est appuyée sur la reconnaissance de Jean de Beauffremont de 1585. Toutefois, Bay ne réclame que l'usage au bois mort et au mort-bois ; elle ne dit mot du jet de la hache, nouvelle preuve que cette tolérance n'existait plus. Le marquis résiste en invoquant une reconnaissance de 1451, de laquelle il résultait que Bay n'avait prétendu, dans les bois de cette seigneurie, d'autre droit que celui de paisson. Il allègue en outre que la reconnaissance de Jean de Beauffremont, de 1585, ne peut s'appliquer qu'à Hugier et non à Bay qui formait une seigneurie distincte ; d'où il suit que le droit de Bay est fort incertain et litigieux. Toutefois, le seigneur consent à le reconnaître et à le cantonner. Son mandataire J.-B. Mugnier, seigneur Dancier, consent à traiter amiablement avec Bay en lui accordant un canton dans *ledit* bois (il n'est pas prénommé, mais ce n'est autre que celui d'*Amont* ou de *Dessus*). L'étendue de ce canton est fixée à vingt arpents royaux, formant environ le cinquième du bois d'*Amont*; avec cette condition que si, par suite d'un arpentage, la superficie de ce bois est reconnue supérieure à 102 arpents royaux, Bay recevra un cinquième de l'excédent. (Acte reçu Vienot, notaire à Marnay, 23 sept. 1725.)

Ici, c'est bien un cantonnement pur et simple. Aucune charge n'est imposée à Bay qui obtient le droit de pâturage sur la partie réservée au seigneur.

Il paraît qu'en outre Bay était propriétaire d'un bois dit des *Communaux*, séparé par un chemin de celui d'*Amont*. Ce qui le fait supposer, c'est que l'acte de cantonnement parle de ce chemin faisant séparation des bois communaux dudit Bay avec ledit bois d'*Amont*. En outre, il est question de ce bois des *Communaux* dans le dénombrement seigneurial de 1585, en ces termes : « *Item*, un autre cens de quatre livre douze sous est assignée sur le bois communal de Bay. » Cette communauté a donc dû le recevoir d'un seigneur quelconque avant 1585. Elle n'avait pas été trop mal traitée par le seigneur. Elle a obtenu la propriété d'un bois de 38 hectares 32 ares pour une rente annuelle de 4 fr. 12 sous. En vérité, ce n'est pas trop cher.

Bay serait donc parfaitement en règle. Toutefois sa conscience n'est pas tranquille ; car elle sait avoir usurpé et défriché, sans en avoir le droit, le Creux de Lancey, distinct des bois communaux. Ce bois figure au dénombrement de 1585 pour une étendue de 20 journaux ; les experts de 1868 l'ont reconstitué, en lui assignant une étendue de 7 hectares environ. C'est vraisemblablement pour ce motif, que Bay a demandé, à plusieurs reprises, qu'il lui fût donné acte de ce qu'elle se contentait de ce qu'elle possédait, et qu'elle ne prétendait à rien de plus. Il est vrai que depuis, elle s'est ravisée et qu'elle veut prendre part aux dépouilles d'Hugier. Le mauvais exemple de Chancevigney et de Sornay a fait que, comme ces communes, elle convoite le bien d'autrui.

J'arrive à Sornay, dont la situation est, sans qu'elle s'en doute, des plus déplorables, à ce point, qu'elle aura peut-être à gémir un jour de sa témérité. De toutes les communautés de la prévôté, Sornay est la seule qui n'ait aucun titre justifiant, avant la Révolution, la possession de forêts considérables inscrites aujourd'hui sous son nom au cadastre. Les habitants actuels l'ont eux-mêmes déclaré lors de l'expertise. Cette partie du rapport des experts est trop curieuse pour que je ne la rapporte pas textuellement : « Quant au bois de *Branfer*, qui ne forme qu'un canton complètement détaché (v. le plan), *on ne comprend pas pour quelle cause il n'en est parlé ni au dénombrement de 1585, ni à la sentence arbitrale de l'an II, attendu que les habitants de Sornay n'ont pu expliquer de quelle manière ils sont en possession, tant de ce bois que de celui de la Gaillarde. Ils ont même déclaré qu'ils croyaient que ces deux forêts étaient de même provenance que celle du Rang-de-Jonc, c'est-à-dire qu'elles dépendaient autrefois, comme celle-ci, de la seigneurie d'Hugier*. »

J'ai reproduit fidèlement ce passage sans autre altération que la rectification d'une faute de langage échappée sans doute au copiste. Mais ce qui est plus grave que d'avoir offensé Vaugelas, c'est d'avoir offensé la vérité ; et à cet égard, le copiste ne peut y être pour rien. On a bien lu que ni les habitants de Sornay, ni, après eux, les experts n'avaient pu découvrir l'origine de la possession du bois de *Branfer*, lequel, disent-ils, ne figure pas au dénombrement de 1585. Eh bien ! voici ce que je lis en tête d'un exploit, signifié par Claude Poissonnier, le 28 décembre 1822, à la requête de Sornay et de ses deux complices, Bay et Chancevigney. C'est la copie du dénombrement seigneurial de 1585 : « Les habitants dudit Sornay doivent à mondit seigneur, audit jour de la fête Saint-Michel, 5 francs de cens, pour accensement d'une broussaille, ou le *Branfer*. »

En présence de cette partie si claire et si formelle du dénombrement de 1585, on ne sait de quoi l'on doit le plus s'étonner ou de la mauvaise foi de gens qui nient, en 1868, ce qu'ils ont avoué et fait signifier en 1822, ou de la légèreté des experts qui ont eu nécessairement entre les mains l'acte de 1585 dont ils parlent, qui est signifié par les adversaires d'Hugier, acte dans lequel les experts n'ont pas su lire ce qui s'y trouve écrit en toutes lettres. Cette légèreté ne met-elle pas en défiance sur toute leur opération; et les magistrats peuvent-ils avoir confiance dans un travail dont les auteurs affirment que tel passage ne se trouve pas dans un acte, alors qu'il y est écrit de la manière la plus apparente? — Dès lors peut-on dire avec Sornay (conclusions signifiées le 14 juin 1870) que les experts ont procédé à leurs opérations *avec soin et intelligence?*

Quant aux habitants de Sornay, pourquoi ont-ils nié ce passage du dénombrement de 1585? Est-ce parce qu'ils pensaient plus avantageux de se dire sans titre que d'en produire un de peu de valeur? Ont-ils craint qu'on ne vint leur dire qu'ils étaient devenus propriétaires à bien bon compte? On ne sait. En tout cas, le fait est constant. L'accensement de la broussaille de Branfer, moyennant une rente de 5 fr., est antérieur à 1585.

Mais pour le surplus : pour le bois de la Vaivre, contenant 16 hect. 28; pour le Ranc-de-Jonc contenant 8 hect. 26; pour la Gaillarde, contenant 25 hect. 95, où sont les titres de Sornay? La possession dira-t-elle, possession qui a engendré la prescription. Cela est facile à dire, mais on oublie que la possession invoquée est impuissante à procurer la prescription, parceque cette possession a pour principe un droit précaire, l'usage, cela est très-constant. Pour détruire cette précarité, il faudrait représenter un acte d'interversion. Où est cet acte? C'est ici qu'on comprend l'intérêt qu'aurait Sornay à n'avoir aucun titre, surtout celui d'usager qu'elle invoque depuis l'an II. Mieux vaut en effet n'avoir aucun titre que d'en avoir un dont la précarité est certaine.

Sans l'interversion, jamais Sornay n'a pu être propriétaire d'autre chose que du Branfer. Or, puisqu'elle a un titre pour Branfer et qu'elle n'en a pas pour les autres bois, bien autrement importants, c'est qu'elle les a usurpés. Il suit de là que quand Sornay en aura fini avec Hugier et les autres communautés de la Prévôté, elle peut se trouver en présence des représentants de l'ancien seigneur qui lui diront: A notre égard, il n'y a rien de fait. C'est vainement que vous vous prétendez propriétaire. Auriez vous possédé en cette qualité pendant mille ans *etiam per mille annos*, comme disent les anciens feudistes dont le langage est reproduit par le président

Henrion de Pansey, cela ne signifie rien. A notre égard, vous êtes toujours usagère, et c'est avec moi seul que vous deviez cantonner.

Le seigneur de Sornay, en 1794, dont les représentants pourraient tenir ce langage, paraît être M. de Vault. En tout cas, quel qu'ait été ce seigneur, les droits de ses représentants sont certains.

Il suit de là que, sauf pour la Broussaille, appelée Branfer, Sornay est une usurpatrice; qu'elle détient, à titre de propriétaire, des terrains boisés sur lesquels elle est simple usagère, et qu'elle doit continuer à être réputée telle jusqu'à preuve contraire. Cette preuve ne pourrait résulter que d'une contradiction opposée au seigneur, ou d'un acte quelconque ayant produit l'interversion de son titre. Or, elle déclare elle-même qu'elle n'en possède aucun; et cependant elle a eu l'audace de demander contre Hugier une restitution de fruits!

Tout est étrange dans cette affaire, et souvent les intéressés se méprennent sur la nature et sur l'importance de leurs droits. C'est ainsi que Sornay se croit bien tranquille, et à l'abri de toute réclamation de la part du seigneur, par le motif que de Vault, qui paraît représenter l'ancien seigneur, aurait, par un exploit de l'huissier Cornet, du 22 germinal an II, dont copie est donnée en tête de la demande des trois communes, « reconnu formellement les droits de Sornay. » Or, si l'on se reporte au texte de cet exploit, on voit que la reconnaissance de de Vault porte seulement sur l'existence de servitudes usagères au profit de Sornay. Mais, par le même acte, de Vault reproche à Sornay des défrichements, dont il demande à faire preuve. Il est vrai que de Vault croit aussi, mais à tort, que ses auteurs ont fait avec Sernay un cantonnement, dont il n'indique ni la date, ni les conditions, ni l'étendue. Du reste, de Vault parle de ce cantonnement, comme d'une simple hypothèse. Il affirme, au surplus, que le seigneur était propriétaire de tous les bois, et que les communautés ne peuvent prétendre à la propriété de ces mêmes bois, qu'en représentant un titre. Au surplus, de Vault ne conteste pas l'existence de l'usage. Il se borne à dire à Sornay, seule demanderesse contre lui, en l'an II, que le cantonnement, s'il existe, peut être cassé. Mais il est de toute évidence que si, en fait, le cantonnement supposé n'existe pas, si la preuve ne peut en être fournie. Sornay est purement et simplement usagère et rien de plus. C'est, au surplus, ce à quoi tend sa demande. Quant à sa propriété, elle n'existe que sur le Branfer, du moins jusqu'à preuve contraire.

J'en étais là de cette lettre, lorsque j'ai reçu le complément ou résidu de votre dossier. Quoique très-volumineux, ce nouveau dossier ne m'a rien appris de plus ; mais les pièces que j'y ai lues ont confirmé mes précédentes appréciations. J'ai vu, entre autres choses, que la pauvre commune d'Hugier a soutenu de bien nombreux procès contre les divers seigneurs qui se sont succédé depuis Jean de Beauffremont. Plusieurs de ces procès paraissent aussi se rattacher à des démêlés entre Hugier et Sornay, comme aussi entre Sornay et son seigneur. Mais tout cela est à peu près sans intérêt. Je note seulement que Sornay a consulté en 1774 Me Nicolin, avocat à Besançon, au sujet de divers traités faits avec le seigneur ; mais il paraît que notre confrère n'a pu démêler dans ces traités qu'un échange du Branfer contre une partie de la Vaivre ; encore cela ne paraît-il pas clair à Me Nicolin qui demande des explications et, en tout cas, avertit Sornay que, malgré les traités qu'elle invoque, elle est toujours usagère. On comprend après cela pourquoi Sornay garde aujourd'hui un silence prudent sur tous ses traités avec le seigneur, si elle en possède, et qu'elle ait déclaré aux experts n'en avoir aucun qui justifiât l'origine de sa possession. Cependant Sornay sait à l'occasion, retrouver et produire des titres. C'est ainsi que dans son Mémoire imprimé et signifié le 20 juin 1870, elle énonce un terrier du 16 décembre 1672 duquel il résulte que les habitants de Sornay payaient un cens sur le bois appelé le Branfer, mais elle se garde bien de dire que ce cens est de cinq francs par an, et qu'il est mentionné dans un passage du dénombrement de 1585 que les experts de 1868 n'ont pas su y découvrir. Elle craint en effet que la déclaration erronée des experts, sur ce point, ne témoigne du peu de soin mis par eux à la lecture des titres, malgré le nombre de vacations employées à ce dépouillement ; elle se garde bien d'affaiblir, en quoi que ce soit, l'autorité qu'elle attache à l'expertise, autorité reconnue par le jugement dont est appel, suivant lequel le travail aurait été fait *avec le plus grand soin*. C'est pour ce motif que, devant la Cour de Besançon, Sornay évite de dévoiler l'une des nombreuses erreurs des experts, et qu'ayant intérêt à établir qu'elle est propriétaire du Branfer, elle produit son terrier de 1672, et non le dénombrement seigneurial de 1585, oubliant que ce dénombrement a été signifié *in extenso* en tête de la demande dirigée contre Hugier en 1822.

Quoi qu'il en soit, je laisse de côté toutes les vieilles procédures de votre *résidu*, pour m'attacher à celles de votre dossier principal qui présentent un véritable intérêt. Mais au moment où j'allais passer en revue la sentence arbitrale, l'expertise, le jugement dont est appel, etc.; voilà que vous me demandez de préparer un résumé de l'affaire, sous forme de conclusions motivées. Malgré mon peu de goût et mon inaptitude pour un semblable travail, vous me faites observer que vous ne pouvez le faire sans les pièces que je possède. Je suis donc pris dans l'engrenage et forcé de répondre tant bien que mal à votre appel. Vous faites de moi tout ce que vous voulez.

J'ai donc suspendu le présent travail et j'ai préparé un *projet* de conclusions que vous devez recevoir assez à temps pour qu'il puisse être examiné par vous et par votre adversaire avant l'audience. Vous verrez que l'affaire se présente devant la Cour sous un aspect nouveau, et que j'ai éliminé du débat certains points qui ne servaient qu'à l'obscurcir. Vous pourrez y revenir si bon vous semble, suivant la tournure que la discussion prendra devant la Cour.

Quoique très-compliquée en apparence, cette affaire est en réalité assez simple, si l'attention ne s'égare pas, si elle se fixe sur les faits acquis et sur les points principaux qui divisent les parties. Ces points sont les suivants :

1° Les anciens seigneurs ont été appelés par Sornay devant les arbitres et la sentence ordonne qu'ils doivent *reconférer* toutes leurs propriétés forestières avec celles des communes, pour cantonner sur le tout. Mais l'un de ces seigneurs, de Vault, a fait annuler, en ce qui le concerne, la sentence arbitrale et, par ce motif, ses représentants (les consorts Deslandes) ont été mis hors de cause. Il ne reste plus au procès que les représentants de Vienot l'autre seigneur, lesquels sont aujourd'hui les frères Noirpoudre.

— Cela n'empêche que le *reconfèrement* ordonné peut et doit être exécuté, au point de vue du cantonnement. Il sera seulement fictif à l'égard des propriétés de de Vault (consorts Deslandes) en ce sens qu'aucun cantonnement ne pourra être assis sur ces propriétés ; mais les cantonnements partiels pourront être assis partout ailleurs, et la valeur des propriétés de de Vault devra être comprise dans celle de la masse forestière sur laquelle portent les droits d'usage à cantonner.

2° Les arbitres de 1794, les experts de 1868, le Tribunal de Gray et l'arrêt cassé de la Cour de Besançon, en recherchant l'origine des possessions actuelles des communes, ont *uniquement* attribué ces possessions à des cantonnements particuliers faits entre les seigneurs et chaque commune, à des époques différentes. C'est une grave erreur.

En fait, il n'y a jamais eu de cantonnement avec Sornay ; elle-même l'a dit devant les experts et rien ne prouve le contraire. Plus tard, elle a bien dit dans des conclusions que je n'ai pas vues au dossier, mais qui paraissent l'avoir été par la Cour de Besançon, qu'elle avait été cantonnée par un seigneur, sans qu'elle ait pu indiquer son nom, ni la date de l'opération.

En fait encore, il n'y a jamais eu de cantonnement entre Chancevigney et le seigneur. Le seul traité que Chancevigney ait fait avec le seigneur est un acte du 16 novembre 1703, portant accensement du quart du bois de Meney dont la propriété est tranférée à Chancevigney, sans qu'il y soit dit un seul mot des droits d'usage.

Il n'y a eu qu'un seul cantonnement pur et simple, c'est celui de Bay. Encore faut-il remarquer que ce cantonnement n'est pas l'unique origine de la possession de Bay, puisqu'elle possédait en toute propriété, dès avant 1585, un bois communal beaucoup plus considérable que celui provenant du cantonnement, propriété mentionnée dans le dénombrement seigneurial fait à cette date sous le nom des *Communaux*.

Quant à Hugier, j'ai montré ci-dessus que sa propriété lui provient de plusieurs transactions dans lesquelles le cantonnement est entré pour une portion indéterminée.

3° Néanmoins, par l'effet de la sentence arbitrale, bien que toutes les communes soient restées en possession de leurs bois, en qualité de propriétaires, bien que ces bois aient été et qu'ils soient encore soumis au régime forestier, bien qu'un quart en réserve ait été notamment établi sur les bois d'Hugier (v. le plan Vuillemot de 1749), ces communes sont fictivement réputées simples usagères sur tous ces bois, même sur ceux dont l'origine est incontestablement antérieure aux différents traités intervenus au XVIIe siècle et au XVIIIe. C'est ce qu'a parfaitement reconnu la Cour de Besançon, et ce n'est certainement pas ce qui a entraîné la cassation de son arrêt, car la fiction qui réputé les communes usagères est établie par la sentence arbitrale, afin de pouvoir réaliser le nouveau cantonnement ordonné par cette sentence, entre les communes et le seigneur, et aussi respectivement entre elles ;

4° Il s'agit uniquement, au procès actuel, de la question de savoir comment doit être fait le cantonnement ordonné, tant entre les seigneurs qu'entre les communes, par la sentence arbitrale du 23 germinal an II.

Réduite à ces termes, la solution est facile ; mais, avant de l'indiquer, je dois signaler les erreurs dans lesquelles les experts ont entraîné les premiers juges. Pour abréger, je confondrai dans mes critiques le jugement dont est appel et l'expertise, laquelle est d'ailleurs entachée d'une nullité radicale, ainsi que je le démontre dans les conclusions motivées.

Pour exécuter le dispositif de la sentence arbitrale, il fallait *reconférer*, suivant l'expression des arbitres, toutes les propriétés boisées de la Prévôté, tant celles qui appartenaient aux seigneurs que celles dont les communes étaient en possession, et en former une seule masse sur laquelle les droits d'usage seraient cantonnés.

Au lieu de cela, que fait-on ? Au mépris de la sentence arbitrale qui, *à ce point de vue n'est pas un simple interlocutoire* qui, à cet égard, lie les parties, qui a entre elles l'autorité de la chose jugée, on laisse entièrement de côté les bois seigneuriaux, et l'on se contente de faire *reconférer* les communes entre elles.

Si l'homologation de cette partie du travail des experts se trouvait dans un arrêt, il serait indubitablement cassé, car il renferme une violation flagrante de la chose jugée par la sentence arbitrale,

Il y a, en effet, deux parties bien distinctes dans le dispositif de cette sentence : l'une qui décide *définitivement*, l'autre qui est un simple *interlocutoire*. La partie définitive est celle qui réintègre Sornay et Chancevigney dans leurs droits d'usage; elles ont demandé et obtenu cette satisfaction, encore qu'elle soit illusoire. — De plus, il est jugé que ces droits leur appartiennent concurremment avec Hugier et Bay (cette dernière commune était alors l'adversaire de Sornay, et la sentence est rendue tant contre Bay que contre Hugier); en conséquence, tous actes préjudiciables à Chancevigney et à Sornay (pas ceux préjudiciables à Bay, qui n'a demandé aucune annulation), sont cassés, annulés, etc.; les parties sont remises au même état qu'elles étaient auparavant, d'où il suit qu'il y a lieu à procéder à un nouveau cantonnement, lors duquel *seigneurs* et *communes* doivent *reconférer*.

C'est bien là un *contrat judiciaire* produisant tous les effets de la chose jugée; cette partie est *définitive;* il en résulte qu'un cantonnement doit avoir lieu entre les seigneurs et les communes; aucune des parties n'a pu se soustraire à cette obligation, à moins de faire casser la sentence.

C'est ce qu'a fait de Vault, mais de Vault seul. A son égard, la sentence est annulée, mais tous ses effets subsistent entre les autres parties qui ne se sont pas pourvues en Cassation. Il faut donc, relativement à ces parties restées en cause, que la sentence soit exécutée.

Tel n'est pas l'avis du Tribunal de Gray. — En ce qui concerne les héritiers de Vault, il déclare qu'il est impossible de les obliger à *reconférer*. Cela est de toute évidence. Mais si cela est jugé entre de Vault et Sornay, n'est-il pas jugé aussi, *entre toutes les autres parties*, que le *reconférement* des propriétés forestières de de Vault doit avoir lieu? Y a-t-il à cet égard impossibilité absolue d'exécution? Non sans doute. Seulement le *reconférement* avec de Vault sera fictif, en ce sens qu'il ne pourra lui nuire, qu'il n'y sera pas même appelé, et qu'on ne pourra asseoir aucun cantonnement sur les propriétés possédées par les Deslandes qui représentent de Vault. Puis donc que l'exécution était possible, à ce point de vue, elle aurait dû être ordonnée, et le Tribunal a violé la chose jugée en ne la prescrivant pas, soit par l'interlocutoire du 12 avril 1864, soit par le jugement dont est appel.

En ce qui concerne les Noirepoudre représentant Viénot, l'autre seigneur, le raisonnement du Tribunal est tiré d'un autre ordre d'idées, mais il est encore plus erroné. Le Tribunal semble avoir oublié que le *reconférement* des propriétés des Noirepoudre a été prescrit par la sentence. Qu'il ait été ou non demandé par Hugier, telle n'est pas la question. Il était ordonné par la sentence, et rien ne pouvait dispenser aucune des parties de son exécution *in parte qua*. Dirait-on que cette exécution n'était pas comprise dans l'interlocutoire du 12 avril 1864 et que, dès-lors, les experts n'avaient pas à s'en occuper? C'est possible quant aux experts; mais on ne fera jamais croire à personne que l'*interlocutoire* de 1864 puisse prévaloir contre le *définitif* de l'an II. Par conséquent, en ne complétant pas à cet égard son interlocutoire et en homologuant l'expertise qui, sur ce point, ne satisfait pas à la chose jugée par la sentence de l'an II, le Tribunal a évidemment violé la chose jugée.
— Pour justifier sa décision en ce qui concerne les frères Noirepoudre et les écarter du *reconférement*, le jugement dont est appel dit que Bay a délimité avec eux et que, par suite, elle a reconnu leur propriété. Mais l'acte de Bay est à l'égard de toutes les parties *res inter alios acta*, il ne peut leur nuire. Donc la délimitation ne change rien à la situation des parties en cause; cela est de toute évidence. La délimitation de Bay n'a de valeur qu'entre elle et les frères Noirepoudre.

Cette seconde violation n'est pas la seule, et il en existe une troisième. Les conclusions prises par Bay, lors du jugement dont est appel, tendaient à ce que les bois seigneuriaux fussent *reconférés* avec ceux des communes, mais elles tiraient de cette incontestable vérité cette étrange conséquence que non-seulement on devait lui donner tout ce que les experts ont proposé d'enlever à Hugier, mais encore une partie du bois d'Amont ou du Dessus appartenant aux Noirepoudre. En ce qui concerne ces derniers, je suppose qu'il leur sera facile de repousser cette outrecuidante prétention, si elle est reproduite devant la Cour; mais en ce qui concerne Hugier, le jugement dont est appel a violé une troisième fois la chose jugée.

Cette troisième violation provient de ce que le tribunal de Gray a méconnu les situations respectives de Bay et d'Hugier, telles qu'elles ont été réglées, sur la demande de Bay elle-même, par l'arrêt de la Cour de Lyon du 10 avril 1862. Rien n'est plus évident. Devant cette Cour Bay concluait ainsi : « Déclarer la demande formée par la commune de Chancevigney, le 6 avril 1869, contre la commune de Bay, non-recevable ; — subsidiairement : *au fond*, et en tout cas, *donner acte à la commune de Bay de sa déclaration* : 1° *qu'elle ne prétend rien sur les bois de la commune* D'HUGIER, sur ceux des représentants de Vault, ni sur ceux des représentants Viénot; 2° qu'elle s'en tient à l'apportionnement qu'elle détient depuis 134 ans, et qui est sa propriété exclusive, en vertu du traité du 23 septembre 1725, passé entre elle et son seigneur particulier. » Rien de plus clair et de plus formel. — Bay persiste dans sa déclaration dont la Cour lui donne acte ainsi qu'il suit : « Donne acte à la commune de Bay de sa déclaration qu'elle ne prétend rien *sur les bois de la commune d'Hugier*, sur ceux des représentants de Vault, ni sur ceux des représentants Viénot, pour ladite déclaration valoir ce que de droit. »

N'est-il pas, dès lors, souverainement jugé, entre Bay et Hugier, que la première ne peut rien obtenir contre la seconde ? Et cependant, au mépris de cette chose jugée, le Tribunal de Gray a non-seulement condamné Hugier à délaisser à Bay : 6 hectares 15 ares à prendre sur le bois de Bouchaille ; 2 hectares 93 ares à prendre sur celui de Bège, plus une modeste soulte en argent de 6,652 fr. 78.

Depuis ce jugement qu'elle trouve excellent, Bay se mord les doigts de son imprudence ; elle verse des larmes de crocodile, et comme elle comprend la faiblesse du jugement qui la favorise aux dépens d'Hugier, elle cherche tous les moyens d'échapper à la chose jugée. Aussi a-t-elle déclaré devant la Cour de Besançon, dont l'arrêt a été cassé, qu'elle entendait se pourvoir par requête civile contre l'arrêt de Lyon, aux termes des articles 481 et 493 du Code de procédure civile.

Ceci a été signifié le 13 juin 1870 ; mais il paraît que la requête civile de Bay est restée à l'état de projet, car le dossier n'en contient pas la moindre trace. Ce qu'il y a de certain, c'est que Bay reconnaît elle-même que la chose jugée la lie tant qu'elle n'aura pas fait prononcer sur sa requête civile. Cette voie est, comme celle du recours en Cassation, une voie extraordinaire qui n'arrête pas l'exécution des jugements et des arrêts. Celui de Lyon conserve donc toute sa force. Le long temps qui s'est écoulé doit faire supposer que Bay a consulté, et qu'on lui aura dit que l'art. 481 ne s'applique pas au cas où une commune a demandé acte d'une déclaration. En tout cas, il n'y a évidemment pas à se préoccuper d'une requête civile qui n'est pas même formée, et il demeure indubitable que le jugement dont est appel a, cette fois encore, violé la chose jugée.

Reste à faire, en ce qui concerne les rapports de Bay avec Hugier, une remarque qui n'est pas sans intérêt. Bay a compris que sa déclaration aurait pour effet de l'exonérer des frais considérables qu'entraîne ce long procès. C'est dans ce but qu'elle l'a faite. Mais le moyen ne lui a réussi qu'en partie. La Cour de Lyon a très judicieusement jugé que Bay devait être, avec Sornay et Chancevigney, condamnée aux dépens faits *jusqu'au jour des conclusions signifiées par elle devant la Cour.* En outre, l'arrêt déclare que « *Bay a bien pu renoncer au bénéfice de la sentence, mais qu'elle n'est pas libre de se soustraire à ses charges.* » — Il suit de là que Bay devra *reconférer* avec le seigneur et les autres communes, mais qu'elle ne pourra demander ni obtenir, soit contre le seigneur, soit contre Hugier, rien de plus que ce qui lui a été attribué par son cantonnement du 13 septembre 1725.

J'en ai fini avec Bay. Je pourrais vous parler de Chancevigney et de son attitude singulière dans ce procès, où elle a choisi le rôle de demanderesse rempli au début par Sornay. Mais je veux abréger, et je me bornerai à vous signaler l'étrangeté des conclusions prises par Sornay, le 14 juin 1869. Contrairement à la sentence, qui se réfère au dénombrement seigneurial de 1585, elle répudie ce dénombrement quoiqu'il ait été signifié en 1822, en tête de sa demande. Elle soutient que le droit d'usage s'étend *sur tous les bois de la seigneurie, sans restriction ni désignation de contenance;* puis, par une étrange contradiction, elle revendique, comme étant sa propriété exclusive : la Gaillarde, la Vaivre et le Branfer, c'est-à-dire les bois dont elle est en possession et qui, suivant elle, ne doivent pas être compris dans le cantonnement. Quant au Rang-de-Jonc, elle oublie de le mentionner. — La conclusion de tout ceci est que Sornay veut garder tout ce qu'elle possède (par usurpation, suivant toute apparence, pour la plus grande partie), puis elle veut néanmoins partager avec les autres !

Cette digression m'a éloigné du cantonnement auquel j'ai hâte d'arriver afin d'en finir.

Une première question est celle de savoir si, pour exécuter le cantonnement, il est nécessaire d'ordonner une nouvelle expertise en remplacement de celle de 1868, quelque vicieuse et incomplète qu'elle soit.

Je réponds négativement, sans aucune hésitation. Quelque mauvaise que soit l'expertise de 1868, elle contient cependant, comme l'a très-bien reconnu la Cour de Besançon, des renseignements utiles à l'aide desquels le cantonnement peut être fait par la Cour, mais tout autrement que ne l'ont proposé les experts, dont le rapport a été homologué par le jugement dont est appel ;

Une expertise nouvelle n'apprendrait presque rien de plus. Elle ne pourrait modifier le résultat indiqué par les Conclusions motivées, résultat que je crois parfaitement fondé. La raison pour laquelle une expertise nouvelle est inutile est que l'interlocutoire ordonné par la sentence arbitrale est inexécutable dans les points principaux, sur lesquels les experts ont omis de s'expliquer. Leur grand tort, reconnu au surplus par vos adversaires, est de n'avoir pas dit pourquoi il leur avait été radicalement impossible de résoudre certains problèmes forestiers dont la solution était demandée par la sentence de l'an II et par l'interlocutoire de 1864.

Cette impossibilité étant reconnue tant par vos adversaires que par vous, il faut chercher un autre moyen, facile du reste à trouver.

Mais avant de l'indiquer, je dois également affirmer l'impossibilité de faire un cantonnement ordinaire d'après les bases fixées par le décret de 1857, lequel, du reste, n'a aucune autorité juridique en ce qui concerne le cantonnement des droits d'usage entre communes et particuliers, et qui, même au point de vue du cantonnement des usages grevant les bois domaniaux, n'est nullement obligatoire pour les tribunaux.

Sans doute, les prescriptions de ce décret sont infiniment sages, et je les ai moi-même souvent indiquées comme le meilleur modèle à suivre. C'est ce que j'ai enseigné pendant plus de trente ans, avant comme après le décret de 1857. Mais j'ai enseigné aussi, et le décret admet, que la première condition pour faire un cantonnement, d'après des bases normales, est de pouvoir reconnaître la possibilité des forêts grevées, ainsi que les espèces et la quotité des produits ligneux que peuvent procurer les essences usagères.

Or, du moment qu'il est absolument impossible de reconnaître quelle était la possibilité forestière en 1585, ainsi que la quantité de bois mort et de mort-bois dont les forêts étaient chargées à la même époque ; du moment où il est reconnu que le prétendu droit à la fonte, d'après le jet de la hache, n'existe pas ou du moins n'est pas appréciable en argent, — les experts n'ont pas tenté de faire cette appréciation — le cantonnement, d'après les bases si rationnelles du décret de 1857, est absolument impraticable.

Dès-lors, il faut recourir à un principe admis par tous les auteurs, consacré par la jurisprudence et reconnu par les adversaires d'Hugier : celui de la souveraineté absolue des Cours en matière de cantonnement. Les juges du fait sont ici souverains parce qu'il s'agit d'apprécier les droits des parties, suivant les titres, et que le législateur n'a imposé aux magistrats ni en 1792, ni en 1827, aucune règle d'après laquelle ils doivent fixer la part restant au propriétaire dans la forêt grevée et celle que l'usager reçoit en échange de sa servitude éteinte. Cela est incontestable ; aussi les adversaires d'Hugier le reconnaissent en ajoutant : « La répartition entre les droits des usagers et ceux du propriétaire varie comme les espèces ; il n'existe aucun texte de loi à ce sujet, et les rapports du propriétaire et de l'usager n'ont d'autres lois que le contrat primitif qu'ils ont fait entre eux. » (Conclusions imprimées et signifiées le 20 juin 1870, p. 18.)

On ne peut mieux dire. Mais si je suis d'accord avec les conseils des trois communes sur les principes, je suis en désaccord complet sur leur application. Pour juger si leur raisonnement vaut mieux que le mien, je vais mettre l'un et l'autre en présence. Je commencerai, comme la politesse l'exige, par celui de vos adversaires.

« La preuve, dit-on, que le droit des usagers était considérable, c'est l'état des forêts à l'époque de la révolution. — Les 390 journaux (du dénombrement seigneurial de 1585) représentent actuellement 347 hectares, et les seigneurs ne possèdent plus que 105 hectares ; 242 hectares sont entre les mains des communes *et aucun titre n'est produit établissant qu'elles les possèdent autrement qu'à titre de cantonnement*, Hugier, il est vrai, dont l'attribution est exagérée, reçoit par la transaction de 1678 plus de 100 hectares, et cela *à titre de cantonnement*, donc les droits d'usage dépassent de beaucoup la valeur du tiers des bois, » donc ils valent même plus que ces deux tiers, puisque les deux tiers de 347 sont environ 236, et que les communes possèdent *à titre de cantonnement* 242 hect. ; donc Hugier a trop reçu, donc il faut la dépouiller, etc.

J'ai complété le raisonnement à partir de la citation guillemetée, mais je mets vos adversaires au défi de nier que ce soit le fond de leur pensée, car telles sont leurs conclusions, celles des experts, et c'est ce qu'a jugé le Tribunal de Gray.

Malheureusement pour les adversaires d'Hugier, tout ce raisonnement pêche par les prémisses qui sont erronées, et où il y a presqu'autant d'inexactitudes que de lignes. Il n'est pas vrai que les communes possèdent aujourd'hui uniquement par suite de cantonnements faits avec les seigneurs. Cette erreur a déjà été relevée plus haut ; je résume, d'après les contenances actuelles, les surfaces boisées possédées autrement qu'à titre de cantonnement.

En tête et par ordre de date, puisqu'il s'agit du dénombrement seigneurial de 1585, je trouve Sornay et Bay.

Sornay possède le Branfer..................	18 h.	31 a.
Bay possède les communaux................	33	32
Chancevigney possède à titre de propriétaire sans aucun cantonnement. (Accensement du 16 novembre 1703 d'une partie du bois de Meney)...	4	97
Total en propriétés légitimement acquises sans cantonnement............................	56 h.	60 a.
Comptons maintenant les propriétés usurpées,		
A reporter.....	56 h.	60 a.

Report..... 56 h. 60 a.

sans qu'il soit possible aux communes usurpatrices d'en présenter aucun titre soit d'acquisition, soit de cantonnement.

Ici encore nous trouvons en tête des communes usurpatrices celle de Sornay, qui ne s'est pas gênée pour se faire à elle-même une large part, sans aucun cantonnement. C'est à ce titre d'usurpatrice qui doit lui être conservé jusqu'à preuve du contraire, qu'elle doit la possession de la Gaillarde, du Rang-de-Jonc et de la Vaivre contenant ensemble 57 36

On voit que Sornay avait su se faire la part assez belle. Si elle a des titres, qu'elle les montre.

Quant à Bay, ses usurpations sont plus modestes. Elles paraissent se borner au Creux de Lancey, bois banal et seigneurial en 1585 ; il n'a jamais été accensé, cependant Bay l'a usurpé et défriché. Les experts lui ont donné une contenance de.... 7 02

Chancevigney a bien aussi quelques peccadilles à se reprocher, car si elle a pu arracher à Hugier, à titre de transaction, 1 h. 03 ares sur la Fiolle, en 1762, on ne voit pas à quel titre elle possède sur ce bois 9 h. 78 ares. Elle a donc usurpé 8 hect. 75 ares................................... 8 75

Total des acquisitions et des usurpations, à tout autre titre que celui de cantonnement............ 129 h. 73 a.

Mais restent toujours les 100 hectares d'Hugier qu'on dit être possédés, à titre de cantonnement pur et simple, et qu'on met en regard des cantonnements des autres communes : Chancevigney 1 h. 3 ares sur la Fiolle ; 4 h. 97 ares sur Meney ; Bey est un peu mieux traitée, car elle obtient un cantonnement de 12 hectares sur Amont qui contient 50 h. 25 ares. C'est un peu plus du cinquième.

Ces anomalies paraissent révoltantes à Sornay et à Chancevigney qui s'acharnent contre Hugier, disant qu'elle s'est entendue avec le seigneur pour les dépouiller.

Hugier s'est si peu entendue avec son seigneur, ou plutôt avec ses seigneurs successifs, qu'elle a plaidé contre eux pendant plus d'un siècle. On a transigé en 1612, en 1678, en 1697; puis on a plaidé de nouveau sur l'exécution de ces transactions. La liasse formidable, quoique très-incomplète, renfermant quelques-unes de ces procédures, témoigne que l'hostilité a été constante ; elle n'a cessé que vers 1749, à l'époque de la confection du plan Vuillemot constatant l'établissement d'un quart en réserve dont la contenance concorde, à un centième près, avec celle trouvée par les experts de 1868. Hugier n'a donc rien usurpé.

Mais elle possède 100 hectares de bois. Quoique ce soit au titre le plus légitime, cette possession désespère ses adversaires qui crient *haro* sur elle. Comment, dit-on, est-il possible qu'on ait tant donné en *cantonnement* à Hugier, tandis qu'on a donné si peu à Bay, et moins encore à Chancevigney ?

La raison en est des plus simples. On n'a pas donné 100 hectares à Hugier, à titre de cantonnement, mais seulement 20 hectares ; je vais le prouver.

Avant de passer à cette démonstration (elle ne sera ni longue ni difficile), je dois faire une remarque qui dérive de la situation topographique des quatre communes. Hugier, ancien chef-lieu de la Prévôté, se trouve presqu'au centre des principaux massifs forestiers appartenant au seigneur. J'admets parfaitement que, en 1585, soit par erreur, soit à bon droit, Jean de Beauffremont a reconnu aux quatre communes certaines servitudes usagères avec concurrence et indivisibilité sur l'ensemble des forêts de la Prévôté. Tel était le droit ; mais tel n'était pas le fait. En réalité, on ne me fera pas croire que les habitants de Chancevigney, par exemple, éloignés de plus de 10 kilomètres des bois de Bège, aient été y chercher leur bois mort et leur mort-bois, ce qui aurait exigé un voyage de 20 kilomètres, tant à l'aller qu'au retour ; encore bien moins sur la Vaivre et le Rang-de-Jonc, distants de près de 30 kilomètres. — Réciproquement, Sornay ne pouvait aller recueillir ces produits inférieurs des forêts dans les bois de Fiolle et de Meney, distants de près de 30 kilomètres, ce qui aurait constitué un voyage de 50 à 60 kilomètres, à l'aller et au retour, à une époque où les chemins étaient dans l'état que chacun sait ; et ce, pour chercher des bois qui valaient à peine les frais d'exploitation et de transport.

Donc, malgré leur droit de réciprocité, les communes n'en usaient pas. Elles avaient pris l'habitude bien naturelle d'aller au plus près ; aussi quand le seigneur cantonne Bay, en 1725, lui abandonne-t-il le cinquième du bois d'Amont ou du Dessus, distant de 2 kilomètres environ du centre du village, et touchant aux bois communaux concédés par le seigneur avant 1585. Bay conservait, sans doute, son droit d'usage sur le surplus des masses forestières, mais elle ne l'exerçait pas en fait, car elle ne pouvait l'exercer. Dans la pensée commune des parties contractantes, Bay n'avait rien à réclamer de plus ; elle-même l'a reconnu devant la Cour de Lyon, en 1862.

Mais, dira-t-on, un cinquième, c'est bien peu pour un droit aussi important que celui au bois mort et au mort-bois. Je trouve, au contraire, que c'est beaucoup et que le seigneur a été très-large.

La Cour de Besançon, elle-même, avait été dans l'espèce plus large encore, en évaluant ces droits au tiers, tout en disant que c'était beaucoup trop. Elle constate que « ces bois sont de faible valeur, le premier consistant uniquement dans le bois sec en cîme et racines, et le second se composant seulement de plantes, arbrisseaux et menus bois destinés à faire des fagots ; — Que si l'article 1509 de nos anciennes ordonnances de Franche-Comté, comprend dans le mort-bois le hêtre ou *foug*, la première des requêtes prémentionnées (celle des quatre communes en 1585) semble l'en exclure, le nommant avec les chênes, poiriers et pommiers qui appartiennent à la classe des bois vifs (durs) et en le mettant au même rang ; — Qu'ainsi, à ne considérer, pour apprécier l'étendue du droit des communes, que le bois mort et le mort-bois, on peut dire, avec les auteurs les plus favorables aux usagers, que les usages de cette nature ne forment qu'un produit bien restreint. »

Tout cela est très-vrai ; aussi la Cour conclut-elle « que la valeur des droits à cantonner est peu considérable, qu'elle peut *à peine* égaler le tiers des huit cantons, *que ce taux serait même excessif.* »

J'ajoute que je ne connais pas de cantonnement d'usage au bois mort et au mort-bois qui ait procuré aux usagers le tiers de la forêt. Leur part est quelquefois très-inférieure au cinquième.

Je puis, en effet, vous citer le cantonnement de Mühlbach, en Alsace, où il s'agissait aussi du bois mort et du mort-bois; les habitants avaient, en outre, le droit de profiter des souches des essences résineuses. Eh bien ! si l'on prend le prix de vente de la forêt, on voit que Mühlbach n'a reçu en cantonnement que le *vingt-huitième;* si l'on prend le prix du partage, Mühlbach avait reçu le *dixième.*

Je sais bien, qu'en matière de servitudes usagères, *Nihil est simile sibi.* En fait, je dois dire qu'il y avait peu de mort-bois dans la forêt de Guirbaden, où Mühlbach était usagère; mais que, en revanche, il y avait, comme dans la forêt de Dabo, assez voisine, énormément de bois mort.

Maintenant, qu'on nous dise, comme l'ont voulu les arbitres, « quelle était la quantité de bois mort et de mort-bois dont les forêts étaient chargées en 1585 ; » qu'on nous dise seulement ce qu'il y en a aujourd'hui. Nous n'en savons absolument rien ; l'expertise de 1868 est muette sur ce point. On ne peut donc savoir si le seigneur a donné trop ou trop peu à la commune de Bay, en 1725.

Je suis cependant porté à croire que le seigneur a très-convenablement apprécié le droit de Bay, et qu'il n'y a eu aucun abus de la puissance féodale. Ce qui me confirme dans cette opinion, c'est que deux années plus tard, en 1727, lorsque, non plus le seigneur, mais la maîtrise des eaux et forêts est appelée à déterminer l'importance du droit de Chancevigney sur les trois quarts du bois de Meney, appartenant à Hugier, elle la fixe *au cinquième,* absolument comme avait fait le seigneur à l'égard de Bay. Cette sentence a été homologuée par le grand-maître des eaux et forêts, le 9 février 1749.

C'est bien là un élément irrécusable d'appréciation. Il doit servir à déterminer quelle a été l'influence du cantonnement dans les transactions intervenues, à différentes époques, entre Hugier et les seigneurs. Par ces actes, le seigneur a *relâché* à Hugier : partie de Meney, partie de la Fiolle, partie au nord de Bège et Bouchaille tout entier. Ces quatre parties réunies étaient d'une contenance totale de 100 hectares, laquelle se retrouve encore aujourd'hui.

Ici cependant, je dois faire une réserve, car je vais parler d'une chose dont je ne suis pas absolument certain. Ce dont je suis sûr, c'est que la contenance des propriétés forestières d'Hugier est égale, en 1876, à celle qu'elles avaient en 1749. Mais cela ne veut pas dire qu'en 1612, en 1678 et en 1697, elles eussent la même contenance *en tant que bois autrefois usagers*. Il est très-possible en effet, et même tout-à-fait vraisemblable, qu'Hugier, chef-lieu de la Prévôté, avait des bois communaux, puisque Bay et Sornay en possédaient. Toutefois, je n'en ai pas la preuve et je raisonne *hypothétiquement*, comme si Hugier n'avait jamais eu aucun bois communal avant 1678. Donc, suivant cette hypothèse, Hugier aurait reçu *en cantonnement* de son seigneur, d'après les bases adoptées par lui pour Bay, et par les juridictions forestières de l'époque pour Chancevigney, un cinquième de 100 hectares, soit 20 hectares ; les 80 hectares de surplus formant l'objet de la transaction et restant, *en droit*, soumis à l'usage des autres communes qui ne l'exerçaient pas *en fait*.

On a trouvé ridicule l'argument tiré par Hugier devant la Cour de Besançon, et admis par M. l'Avocat général, d'après lequel on devait prendre en grande considération les 300 francs payés par Hugier, aux termes de la transaction de 1678. Il n'y a là rien de ridicule, pas plus que dans la rente de 4 livres 12 sous moyennant laquelle les *communaux* ont été accensés à Bay, sans aucun cantonnement. Or, les communaux de Bay ont une contenance de 33 hectares 32 ares ; le capital de 4 livres 12 sous, à 5 %, est de 92 francs pour 33 hectares ; c'est encore moins cher que ce qu'a payé Hugier. Voudrait-on calculer à 3 % ; le capital serait 153 fr., ce qui se rapproche du prix payé par Hugier pour 80 hectares. Ajoutons encore, avec la Cour de Besançon, qu'en 1678, les forêts de la Prévôté avaient été dévastées par la guerre et les grands abus des habitants ; qu'elles ne rapportaient rien au seigneur, ainsi que l'atteste la transaction. N'oublions pas surtout que cette même transaction imposait à Hugier des charges beaucoup plus lourdes que le paiement de 300 francs. Dès-lors, on trouvera que, relativement au prix des forêts *relâchées*, abstraction faite du cantonnement, la commune de Bay a été beaucoup mieux traitée par le seigneur que celle d'Hugier.

Ceci posé, si l'on ajoute les 80 hectares possédés par Hugier, à tout autre titre que le cantonnement, aux 129 hectares 73 ares attribués aussi, sans trace de cantonnement, aux autres communes, ou usurpées par elles ; on voit que cette réunion constitue un ensemble de *deux cent neuf hectares soixante-treize ares*, dans lequel le cantonnement n'entre absolument pour rien.

D'un autre côté, on voit que les seuls cantonnements qui ont été opérés sont :

Celui d'Hugier, pour. . . . . 20 hectares.
Ceux de Chancevigney, pour . . . . . 5 —
Celui de Bay, pour. . . . . 12 —

Total des cantonnements. . . 37 hectares.

Lesquels joints aux 209 hectares où le cantonnement n'est pour rien, forment un total de 246 hectares. Les quatre communes sont actuellement en possession de 242 hectares. La différence n'est pas grande.

Maintenant, l'opération que je conseille à Hugier de demander à la Cour devient des plus faciles, si l'on veut bien préférer les appréciations des forestiers de 1727 et de 1749 à celles des experts de 1868. Je dois même faire observer, à cet égard, que ces forestiers du dix-huitième siècle n'ont pas seulement procédé en qualité d'administrateurs donnant leur avis, mais qu'ils ont prononcé comme *juges*, d'après les pouvoirs qu'ils tenaient de l'ancienne législation confirmée par l'ordonnance de 1669.

Cette base du cinquième étant adoptée, le résultat du cantonnement prescrit par la sentence arbitrale de l'an II, est facile à prévoir :

Tous les bois à *reconférer* ont une contenance totale de 347 hectares, dont le cinquième est 69. L'étendue du cantonnement devrait donc être de 69 hectares environ. Mais comme les divers cantons d'une forêt sont diversement peuplées ; que d'ailleurs les bois possédés par des particuliers sont généralement moins riches que ceux qui sont soumis au régime forestier, c'est à la valeur totale qu'il faut s'attacher. Or les 242 hectares possédés par les communes ont été évalués à 312,000 fr. par les experts. En y ajoutant 105,000 fr. pour la valeur des 105 hectares de bois autrefois seigneuriaux, on obtient un total de 417,000 fr. dont le cinquième est de 83,400 fr. Voilà le capital usager.

Il ne restera plus qu'à déterminer la part revenant dans cette somme à chaque commune usagère, d'après le chiffre de la population en 1794. Ce tantième a été déterminé par les experts de 1868. Cela fait, chaque commune recevera son cantonnement sur les forêts dont elle est en possession et dont les contenances sont nécessairement très-supérieures à celles du cantonnement.

Sans doute, tout est étrange dans cette singulière affaire à laquelle je ne connais aucun précédent. On y voit, ce qui ne s'est jamais vu, un cantonnement à exécuter, sans qu'un des propriétaires des forêts grevées d'usage puisse être appelé à y contribuer. On y voit des usagers qui se cantonnent respectivement sur les forêts dont ils sont en possession, *comme propriétaires*, bien qu'une sentence datant de 83 ans les déclare *simples usagers*. En ordonnant le *reconférement*, cette sentence a prescrit le cantonnement des communes sur elles-mêmes, c'est-à-dire, une absurdité ; mais cette absurdité étant devenue une vérité juridique, il faut bien courber la tête, et faire pour le mieux dans les limites du possible.

Reprochera-t-on à mon système de donner les mains à ce que je déclare absurde? Qu'on me dise comment il est possible de faire autrement. Les experts eux-mêmes, dont l'habileté a été si vantée par le Tribunal et par vos adversaires, n'ont pas agi autrement. Ils ont, comme je le propose, cantonné chaque commune *sur elle-même*, par la raison qu'il est impossible de trouver une autre solution. La seule différence est que, dans le système des experts, approuvé par le jugement dont est appel, chaque commune, autre qu'Hugier, conserve ce qu'elle possède, tout en recevant, en outre, une part dans les dépouilles d'Hugier. — Est-ce juste ?

Je termine par une dernière observation. En reportant ma pensée à un siècle de distance, je comprends la cause et l'origine de ce procès. Je vois Sornay, dominée par le sentiment d'une jalousie invétérée contre Hugier et aussi contre Bay. Ce sentiment grandit et s'accentue encore plus, s'il est possible, au moment des plus mauvais jours de la révolution. Sornay se demande, sans se rendre compte des faits et des titres, pourquoi et comment Hugier et Bay ont été mieux traitées par les seigneurs qu'elle ne l'a été elle-même. Elle voit Hugier en possession de près de deux cents arpents royaux. Bay en possède environ quatre-vingt-dix, au titre le plus légitime ; elle en a, de plus, usurpé et défriché douze ou quinze sans qu'on l'en ait empêché. Alors Sornay, probablement inspirée par quelque jurisconsulte de village plus ou moins démagogue, imagine le roman d'après lequel les anciens seigneurs se seraient entendus avec Hugier, au dix-septième siècle et au dix-huitième, pour dépouiller elle (Sornay) et Chancevigney. En conséquence, elle assigne devant la juridiction arbitrale nouvellement instituée, les deux communes prétendues spoliatrices et les représentants des seigneurs. La procédure marche rapidement. Les conclusions de Sornay, seule demanderesse, sont admises. Après ce beau triomphe, elle reste dans l'inaction la plus complète, elle ne fait rien pour exécuter la sentence arbitrale.

Que Bay et Hugier aient été, à différentes époques, mieux traitées que Sornay par les seigneurs, cela paraît certain. Il y avait peut-être de bonnes raisons pour qu'il en fût ainsi. J'en ai indiqué une qui me semble plausible, c'est que les redevances féodales, très-onéreuses d'ailleurs et que je n'entends pas justifier, étaient mieux et plus facilement acquittées à Hugier, chef-lieu de la prévôté, que partout ailleurs ; que, par conséquent, le seigneur avait intérêt à ce que la population du chef-lieu fût plus forte que dans les autres communes. La Cour de Besançon en a indiqué une autre qui n'est pas moins plausible ; elle peut d'ailleurs coexister avec la première. La Cour a fait observer que les adversaires d'Hugier « omettent de remarquer quel devait être l'état des forêts seigneuriales en 1678, au lendemain des deux conquêtes de la Franche-Comté, et à la suite des longues et terribles guerres du XVIIe siècle ; que dans cette transaction (de 1678) outre que le seigneur recevait 300 fr. de la commune, il était naturel qu'il fît de grands sacrifices pour conserver intacte, au moins une portion de ses forêts ; il déclare en effet, dans l'acte même, que sans un règlement (entre lui et les habitants) la propriété serait inutile et infructueuse entre ses mains, *prenant égard* (ce sont ses termes) *qu'il se commet journellement audit bois de grands abus.* » — Ces considérations sont très-justes. Quoi qu'il en soit, c'était une affaire à régler entre les communautés et les seigneurs, et les usagers n'avaient rien à y voir tant que l'exercice de leurs droits d'usage n'était pas entravé. Or on ne voit pas que ces droits aient été l'objet d'un débat entre le seigneur et Sornay ou Chancevigney. C'était surtout Hugier qui, malgré les avantages obtenus par elle, avait des démêlés judiciaires avec son seigneur, démêlés presque toujours terminés par des transactions.

Quant à Bay, ses concessions de bois communaux en toute propriété sont antérieures à 1585, époque à laquelle le cantonnement était inconnu. Celles d'Hugier n'ont eu lieu que longtemps après. C'est aussi à une époque presque contemporaine des traités faits avec Hugier qu'eut lieu le cantonnement entre Bay et son seigneur. Pourquoi rien de semblable n'a-t-il eu lieu à l'égard de Sornay ? On ne sait, mais le seigneur n'était pas tenu à cantonner les communes usagères sur leur demande. C'est la loi de 1792 dont les auteurs, dominés par la passion d'égalité qui régnait alors, ont rendu l'action en cantonnement réciproque entre les usagers et les propriétaires grevés d'usage. Quelles étaient alors les propriétés forestières de Sornay, autres que le bois de Branfer ? Je l'ignore. Ce qu'il y a de certain, c'est que les autres communes ont des titres réguliers justifiant la plus grande partie de leurs possessions. Sornay seule n'en a pas, si ce n'est pour le Branfer qualifié *broussaille* en 1585. — Les autres communes ont-elles usurpé ? Oui, quant à Bay qui a occupé le Creux de Lancey ; oui encore pour Chancevigney qui a usurpé une partie du bois de Fiolle, au-delà de ce qui lui avait été attribué par Hugier le 2 décembre 1762. Mais certainement non, quant à Hugier ; car, on l'a déjà dit, mais on ne saurait trop le répéter, sa possession de 1876, concorde à un centième près, avec la contenance trouvée par l'arpenteur Vuillemot en 1749.

A quelle époque remontent les usurpations de Sornay ? Sont-elles antérieures à la sentence arbitrale ? Sont-elles postérieures ? On l'ignore absolument. Si elles sont postérieures, cela pourrait peut-être expliquer la longue inaction de Sornay pendant vingt-huit années. Puis, lors de la reprise de la procédure, elle échoue contre l'un des seigneurs, M. de Vault, qui fait casser par la Cour suprême la sentence arbitrale déclarée nulle à son égard, mais à son égard seulement. Puis, les adversaires d'Hugier gardent de nouveau le silence pendant environ vingt-neuf ans. Avant l'échéance de la prescription, la poursuite est reprise par Chancevigney, entraînant Sornay à sa remorque. Tout cela n'implique-t-il pas que les adversaires d'Hugier sont très-incertains sur la légitimité de leurs droits?

Quant à la conduite de Bay, elle est particulièrement odieuse. Elle avait eu cependant un bon mouvement devant la Cour de Lyon. Elle avait pressenti qu'elle n'avait rien à gagner dans ce ridicule procès; aussi avait-elle spontanément déclaré qu'elle ne prétendait rien contre Hugier, et la Cour lui en a donné acte. Mais, quand elle a vu que, malgré sa déclaration, elle était obligée de rester au procès pour *reconférer;* quand elle a vu surtout que les experts avaient proposé de dépouiller Hugier, au profit des autres communes et qu'une part fort importante lui était réservée, elle a voulu prendre part à cette curée. Depuis lors, elle fait cause commune avec les instigateurs de la poursuite.

Telle est, en résumé, la moralité de ce procès qui dure depuis trop longtemps. En demandant à la Cour d'y mettre fin par un de ces arrêts qu'elle sait si bien rendre, j'ai lieu de penser que nous serons favorablement écoutés, et que la Cour, sans s'arrêter aux conclusions subsidiaires tendant à une nouvelle expertise, accueillera les conclusions principales. N'oublions pas, d'ailleurs (et c'est pour nous une garantie de bonne justice), que la Cour de Nancy a inauguré, depuis le Code forestier, la jurisprudence universellement admise en matière de cantonnement. Le décret de 1857 s'est inspiré de cette jurisprudence pour déterminer l'exécution des cantonnements amiables, actuellement presque tous réglés. Bien qu'il s'agisse aujourd'hui d'une question sans précédent, j'ai la conviction que la Cour, éclairée par votre plaidoirie qui sera, je n'en doute pas, brillante comme toujours, maintiendra la pauvre commune d'Hugier dans sa possession deux fois séculaire, en éteignant le procès qu'elle soutient depuis quatre-vingt-trois ans et qu'elle avait gagné devant la Cour de Besançon.

Neuilly, 20 mai 1876.

E. MEAUME.

TYPOGRAPHIE BOUZIN-CÉSAR FRÈRES, AVENUE DE NEUILLY, 117.

www.ingramcontent.com/pod-product-compliance
Lightning Source LLC
LaVergne TN
LVHW022210080426
835511LV00008B/1689